MANDAROM

Une victime témoigne

Florence RONCAGLIA

avec la collaboration de
Bernard NICOLAS

MANDAROM

Une victime témoigne

GRANDS TÉMOINS
TF1
EDITIONS

Pour tous les enfants menacés par les sectes

On me dit parfois qu'en portant plainte contre Gilbert Bourdin, j'assouvis un vengeance. C'est faux. Je n'ai pas de revanche à prendre sur la vie. C'est parce qu'au contraire, j'aime la vie que j'ai décidé de parler.

En démasquant un homme, en dénonçant un système destructeur, j'opère une thérapie, c'est vrai. Je me débarrasse d'une douleur difficilement identifiable, mélange d'intimidation, de culpabilité et de peur.

Je savais le combat qui m'attendait, contre ceux qui ressortiraient le sempiternel argument de la « victime consentante ». Argument d'autant plus dépassé lorsqu'on connaît les règles de vie dans la secte du Mandarom, et en particulier le sort réservé aux femmes et aux enfants.

Je ne sais pas qui protège Gilbert Bourdin, ni pourquoi il bénéficie de tant d'indulgence. Peu importe, en réalité.

Aujourd'hui, si je parle, c'est pour mon fils Jérémie, et pour tous les enfants menacés par les sectes.

C'est pour mon père, afin qu'il ne se considère plus comme le seul coupable, et qu'il sache que je l'aime.

C'est pour ma sœur, afin de lui dire que je lui serai toujours reconnaissante de ne jamais m'avoir abandonnée.

C'est pour mon mari, pour qu'il comprenne qu'on a le droit de se tromper. Et lui aussi.

C'est pour ma mère, enfin, encore au pays des aveugles, qui doit savoir tout le mal qu'elle a fait.

Je voudrais que ce livre soit un outil de prévention. Si ces dix-huit ans de ma vie, dix-huit ans de souffrances, pouvaient servir d'avertisseur, je serai fière d'avoir rompu le silence.

Florence RONCAGLIA

Témoigner pour prévenir

Quand Florence Roncaglia m'a demandé d'écrire avec elle, le livre que vous allez lire, j'ai hésité.

Cette jeune femme est la première en France à avoir porté plainte pour viol, contre un gourou.

Comment pourrais-je dire les années de délire collectif qu'elle a vécues, entraînée par sa mère, au sein de la secte du Mandarom ?

Comment raconter l'indicible, le viol de la fillette qu'elle était ?

Comment restituer la réalité, sans forcer le trait, sans taire les culpabilités ?

C'est le courage de Florence Roncaglia qui a balayé tous mes doutes. Elle a su trouver les mots, et elle raconte, sans haine, mais sans concession, sa vérité.

Depuis plusieurs années, je m'intéresse au phénomène sectaire.

J'ai rencontré des dizaines de témoins, ayant vécu dans des sectes différentes, qui m'ont tous raconté la même souffrance.

La souffrance d'avoir été manipulés, de constater, trop tard, l'exploitation faite de leur désespoir, de supporter la honte. J'ai vu leur souffrance et j'ai admiré leur courage de témoigner.

Est-ce la marque d'une époque, dont les repères disparaissent, est-ce le fait d'une loi floue ou d'une justice mal rendue, est-ce la faute aux Églises fermées de nos religions rétrogrades, les mouvements sectaires se multiplient en France, comme dans le monde.

L'homme défend la liberté de penser, de réunion, de religion, c'est essentiel.

Mais n'est-il pas de son devoir de réagir quand il constate que ces libertés sont bafouées ?

Les mécaniques sectaires sont identiques, même si certains leaders de groupe apportent quelques variantes à la mise en scène.

En général, la victime se voit proposer une rencontre. Le premier contact est chaleureux, les gens qu'on lui présente semblent heureux, épanouis, et même si on lui fait remarquer la médiocrité de la vie qu'elle a menée jusque-là, elle acceptera une deuxième invitation.

Et la deuxième fois, on va la flatter. Lui dire que le potentiel énorme qu'elle possède, doit se révéler, et le groupe qui l'accueille peut lui permettre cet épanouissement.

Ce n'est pas facile, cela nécessite des sacrifices, mais les amis, puisque ce sont déjà des amis, l'aideront à franchir tous les obstacles.

Plus tard, notre victime sera invitée à un séminaire. L'ambiance est extraordinaire. On s'embrasse, on parle, on écoute, on médite, on se relaxe, et surtout on fait la connaissance d'un être exceptionnel. Son charisme est tel que tous les « amis » semblent subjugués. Il parle simplement, répond à toutes les questions que la victime se posait depuis longtemps, sans trouver de réponse, et quand elle ne comprend pas ce qu'il dit, on lui explique gentiment que c'est normal, qu'elle comprendra plus tard.

Et la victime revient, heureuse d'avoir tant de nouveaux amis, dont la chaleur dépasse de loin tout ce qu'elle avait connu jusque-là.

Chez elle, on lui dit de se méfier, mais tous les arguments sont balayés par l'enthousiasme de la victime. D'ailleurs, ses nouveaux amis l'ont avertie... « Ta famille va chercher à t'empêcher de nous revoir, ne te laisse pas faire, c'est la marque des grands, et tu fais partie de l'élite, n'oublie pas... » Et notre victime n'oubliera jamais.

Désormais elle fait partie du groupe et peut commencer son initiation. C'est dur très dur, on ne mange pas beaucoup, c'est inutile, on dort peu, le temps presse, et sans y prendre garde, notre victime plonge progressivement dans un autre monde.

Au cours de ces séances, on lui demande d'oublier son passé, tout son passé. Sa vie ne fait que commencer, par le groupe. Le monde extérieur, c'est l'enfer, il faut qu'elle s'en persuade.

De retour chez elle, elle devra poursuivre ses exercices de concentration, on lui vendra des cassettes pour ça.

Son air étrange fera fuir tous ses anciens amis, mais peu importe, il y a les nouveaux. La déprogrammation est réussie.

Perdant toute notion du réel, notre victime n'aura d'autre référence que le groupe, et elle épousera très vite la pensée unique du leader. Lui a la connaissance, il faut le suivre.

Si elle a parfois des doutes, en accomplissant des gestes dont elle se croyait incapable, la victime continue, elle ne doit pas décevoir ceux qui ont cru en elle.

Réprimandée, elle fera tout pour réparer. Elle donnera son temps, son argent, sacrifiera sa famille, son travail, pour la cause.

Le leader pardonnera, car il est doué de compassion.

Et c'est ainsi que naît un fanatique.

C'est ainsi qu'a été Florence.

De retour d'un long voyage, elle aurait pu réapprendre à vivre en silence, sa douleur comme un fardeau. Elle témoigne aujourd'hui, pour prévenir.

Bernard NICOLAS

Chapitre 1

La confrontation

Dans la voiture banalisée des policiers, qui me transporte vers le palais de justice de Digne, je tente de me motiver, encore une fois, mais les pensées se bousculent. Je suis à Digne depuis hier. Mon beau-frère, Eric, m'a accompagnée. C'est un peu de force et de courage en plus. Ça fait quelques jours que je passe mon temps à fuir les journalistes. Ils savent tous désormais que c'est ma démarche qui a provoqué l'interpellation de Gilbert Bourdin. J'ai parlé aux gendarmes puis à la télé, ça a suffit... Se concentrer sur un objectif, c'est tout. Et l'objectif, c'est affronter celui qui se prend pour Dieu, et qui a tué la petite fille que j'étais... J'ai eu le choix de la personne qui m'accompagnerait jusqu'au bureau du juge Bonnet. C'est une de mes avocates, Joëlle Vernay, qui est assise à mes côtés... Elle me rassure, me dit de garder mon calme, que tout va bien se passer, que la vérité va éclater et que justice sera rendue.

Afin d'éviter les journalistes, nous avons quitté le commissariat de Digne une heure avant la confrontation... ils sont quand même là... photographes, cameramen, et curieux amassés sur la petite place, devant le palais... Plus loin, j'aperçois très vite un groupe d'hommes et de femmes habillés de pourpre... Il fait chaud, très chaud, mais certains portent le bonnet de laine rouge, le signe distinctif des chevaliers du Lotus d'or... Ceux qui furent mes compagnons pendant tant d'années sont donc là, mais eux ont choisi de défendre l'oppresseur.

Ma mère, ma propre mère, cachée sous un large chapeau blanc, s'est déplacée, elle aussi, pour soutenir celui qui a violé sa fille. Je devrais avoir envie de vomir.

Mais non, tout va bien. Je suis concentrée et déterminée... Un foulard cache mon visage et mes cheveux, et des lunettes de soleil complètent ma tenue du jour, me rendant méconnaissable...

La voiture s'arrête devant une petite porte, le long du palais de justice. Les journalistes foncent. Les policiers s'interposent, demandent qu'on me laisse en paix. En quelques secondes, je suis dans le palais.

Ouf! la première épreuve s'est bien passée. Joëlle Vernay me sourit. Je me sens bien. Mais ça ne dure pas. Joëlle me laisse un instant seule avec le policier chargé de ma protection. Et là, soudain, j'ai le bourdon... Et si je n'étais pas à la hauteur... Bourdin est un malin, un pervers... que me réserve-t-il?

Je vais vivre un des moments essentiels de ma nouvelle vie, ma renaissance, et j'en prends conscience, sur ce banc de bois. Je me sens petite, rabougrie. J'ai peut-être présumé de ma force. Personne n'a jamais pu déboulonner le « maître » du Mandarom. Pourquoi ai-je la prétention, moi faible femme, de l'attaquer ? Et si personne ne me croyait... et si je craquais, et si je me dégonflais au dernier moment.... et si le vieux magicien se jouait de moi, encore une fois... et si, et si...

Heureusement, Joëlle revient s'asseoir à mes côtés. Sa chaleur contre le doute...

Nous attendons dans une petite salle, juste en face du bureau du juge. Le juge vient nous saluer et nous conseille de nous installer dans une autre pièce, car Bourdin va arriver avec son avocat... Mieux vaut éviter de le croiser là. Dans la bibliothèque du Palais, Catherine Cohen-Seat, ma deuxième avocate, nous a rejointes. Elle est surexcitée. Elle sort d'un énorme dossier une liasse de papiers. De nouvelles dépositions de femmes ayant vécu dans la secte du Mandarom. Ces témoignages viennent d'arriver. A ce moment, j'ai une pensée affectueuse pour l'inspecteur principal Alegre. Ce grand flic marseillais au cœur tendre, a été bouleversé par ce qu'il a découvert dans le dossier, du martyre des enfants à la complicité des hommes politiques. En quelques semaines à peine, il a déniché ces témoins, essentiels pour ma plainte.

Toutes ces femmes, j'ai cité leurs noms dans mes premières dépositions.

Joëlle et Catherine lisent à voix haute les témoignages... Je crois rêver... elles m'ont connue, toute petite dans la secte, et encore enfant au service du gourou... J'en ai les larmes aux yeux... C'est formidable... Et puis il y a la déclaration de Vadia, c'était son nom initiatique... elle a été nonne au Mandarom, se souvient de moi et elle parle des viols qu'elle a subis, elle aussi. Dans les mêmes conditions que moi... Et elle raconte comment elle a été enceinte de Bourdin et a dû se faire avorter dans une clinique de Nice... Je suis abasourdie et bouleversée. Même si une souillure partagée reste une souillure, ces témoignages me donnent un moral d'acier avant d'affronter le vieux. Je pleure, mais c'est de joie. Je ne suis plus seule, c'est génial ! Lâchez le taureau, je suis prête... Je n'ai plus peur de Bourdin.

« Il est l'heure... » Le juge Bonnet est là et nous demande de le suivre dans son bureau. Nous sommes entrées les premières avant que Me Béraud, l'avocat de Bourdin n'arrive avec son client.

Le choc... je n'avais pas revu Bourdin depuis mon départ de la secte, en 1992.

Le « Messie cosmoplanétaire », celui qui se fait appeler Seigneur, l'avatar de synthèse, le protecteur de la terre, est une loque. Il s'appuie à la fois sur sa canne et son avocat, et avance péniblement. Sur sa tête, le bonnet traditionnel du Mandarom... sale et défraîchi. Mais ce sont surtout ses yeux qui ont changé. Le regard bleu seigneurial, magique, tour à tour glacial et apaisant, s'est effacé. Aujourd'hui, de petites lunettes ne cachent pas les boursouflures. Le bleu lavasse de ces yeux lui donne un air d'halluciné pitoyable... mais je n'ai pas pitié.

« Tu te laisses aller, Bourdin »... je ne dis rien, j'observe mon adversaire, dans sa tenue pourpre. Le vieillard est un ancien combattant de l'ombre, il porte donc aussi une veste militaire, couleur kaki, identique à celle qu'il ne quittait jamais, dans son monastère, quand il disait que le monde entier lui en voulait. Tiens, aujourd'hui, il ne porte pas son gilet pare-balles. Il est vrai que ce ne sont que des mots qui le menacent.

Autour du cou, il arbore son chapelet, comme pour rappeler qu'il est un religieux, que son monde n'est pas celui des hommes, qu'il est au-dessus de tout ça, que rien ne peut l'atteindre.

Depuis qu'il s'est assis à quelques mètres de moi, je ne le lâche pas. Mes yeux attendent... Qu'il ose me regarder, ce salaud... Il comprendra que c'est une femme qu'il a en face de lui, et non plus la chose inerte et vulnérable qu'il a manipulée pendant plus de quinze ans. Il ne me regardera pas tout le temps que durera la confrontation.

« Monsieur Bourdin, nous allons commencer par vous... » le juge Bonnet ne se laisse pas impressionner par le jeu du vieux gourou, qui semble déjà ailleurs, comme reparti dans le monde subtil, interdit aux non-initiés...

– Pouvez-vous nous expliquer certains détails de la vie monastique au Mandarom, et en particulier les vœux de chasteté que moines et nonnes font à leur entrée dans le monastère, vœux que vous-même auriez faits ?

Bourdin prend quelques secondes avant de répondre... « Un grand maître comme moi, qui a atteint une telle sagesse, maîtrise tous les centres d'énergie vitale... je n'ai absolument pas besoin de tout ce qui est physique... ça ne m'intéresse pas... d'ailleurs, pour vous le prouver il y a tous les ans, le 17 août, une cérémonie au Mandarom, où les membres rendent hommage à sa Sainteté Hamsa Manarah, c'est-à-dire moi, qui sais si bien me surpasser et rester chaste. Mais je ne suis pas responsable du comportement de chacun de mes disciples... et puis dans certaines pratiques yogiques... »

Je n'en crois pas mes oreilles... il va avouer, parler du tantrisme, cette technique enseignée dans le yoga et qui permet une connaissance parfaite de toutes les énergies, les énergies sexuelles en particulier, par la transmission et l'échange entre un maître et son disciple. Bourdin, oubliant la voie ascétique, avait choisi la symbolique du sexe. Peu à peu le manipulateur va se transformer en violeur d'enfant. Machinalement, je donne un coup de coude à Catherine Cohen-Seat, qui est juste à mes côtés. Mais rien ne se passe... C'est incompréhensible, le juge Bonnet ne pousse pas son avantage et passe à autre chose.

Bourdin en profite : « De toute façon, avec tous les combats que j'ai à mener contre tout un tas d'entités négatives qui menacent le monde, qui me harcèlent sans cesse, je n'ai pas le temps de m'intéresser au sexe. »

Il ne manque pas d'air, le vieux. Lui qui sautait sur toutes les femmes qui passaient à proximité, et qui les jetait tout aussi rapidement... oser dire qu'il ne les regardait même pas... J'ai tout juste le temps d'encaisser le coup que le juge Bonnet se tourne vers moi.

« Madame Roncaglia, vous avez porté plainte contre M. Bourdin, l'accusant de vous avoir violée de quatorze à dix-huit ans à plusieurs reprises, lorsque vous résidiez au Mandarom... Avant de passer à ces faits, pouvez-vous nous retracer les circonstances exactes de votre entrée au Mandarom ? »

Au fil de mon récit, les images se superposent... ma mère qui découvre le yoga, les sorties au Mandarom, où Bourdin règne déjà, ma mère méditative, mon père malheureux, ma sœur révoltée, et moi, innocente dévote, persuadée d'avoir croisé un nouveau Christ.

Une enfant rieuse devenue religieuse, qui voit son père meurtri, partir, sans réagir... la souffrance, réelle, enfouie au plus profond d'elle-même...

Je jette un coup d'œil vers Bourdin... Il est avachi sur sa chaise, son bras, appuyé sur sa canne, soutient sa tête de fou. Il semble ne pas écouter... Normal... mon histoire, il la connaît, puisque c'est la sienne...

Chapitre 2

Papa, maman, Nathalie, Séraphin et la moto

Toute l'œuvre de destruction réalisée par le Mandarom et les chevaliers du Lotus d'or, ce monde reconstruit, révisé, n'ont pas effacé mes souvenirs d'enfance.

Car j'ai été une enfant... de zéro à neuf ans.

De Toulon, je garde des images de lumière et de rires. Avec Nathalie, ma sœur, les courses derrière les pigeons, les premières sensations fortes sur un manège de bois, les jalousies et les castagnes.

Je suis née à Toulon. Mes premiers pas y sont doux et aisés. Papa et maman (je les appelle encore comme ça, à l'époque), sont là, présents. Je suis une petite fille heureuse.

Mon père est gendarme mobile. Il se déplace parfois, et comme tous les enfants, dans une situation identique, nous vivons au rythme de ses retours. Quand il est là, c'est la fête. Tout est simple comme si la vie était un jeu. Dès qu'il arrive, le gendarme range son uniforme et redevient un papa, tout naturellement.

Je ne crois pas me souvenir avoir manqué de la chaleur, de l'attention dont un enfant a besoin. Dans ma mémoire, les Noëls de mon enfance sont des moments délicieux. A la gendarmerie de Hyères, on a toujours fait les choses en grand. Un immense sapin dans la cour et le Père Noël qui arrive en hélicoptère. Cette année-là, le Père Noël est patraque. Il a été un peu secoué dans son hélico. Il me fait peur. Chaque enfant va chercher son jouet, sauf moi.

Alors, le géant rouge s'approche, me prend dans ses bras, sèche mes joues et m'embrasse très fort. Perdue dans sa barbe blanche, je ne remarque même pas qu'il me serre plus fort que les autres enfants, je ne reconnais pas mon père. Papa se prénomme Noël!

L'image symbole de ces années sucrées, reste celle de mon premier amour : Séraphin. C'est mon père qui est revenu, un jour, avec cet énorme ours en peluche. Immédiatement adopté, Séraphin est devenu le compagnon indispensable de nos jeux. Je nous revois encore roulant, Nathalie, mon père et moi, sur le pauvre Séraphin. Il a amorti tellement de chutes qu'il en a un jour perdu la tête... Arrachée.

Quand mon père est revenu, récemment, pour témoigner devant le juge, nous avons évoqué ensemble la vie éphémère de Séraphin. Papa en avait les larmes aux yeux. A l'époque, nous ne savions pas encore que notre bonheur serait aussi éphémère.

Ma mère non plus qui va précipiter notre perte.

Maman ne travaille pas et s'occupe de ses deux filles. C'est une cuisinière hors pair. Elle est là, à nous entourer, à nous veiller. C'est elle qui me parle pendant les orages, qui me rassure quand la sirène de la gendarmerie hurle pour annoncer un accident. Le moindre bruit un peu fort me pétrifie, maman est là...

C'est elle qui s'assoit, le soir, sur le bord de mon lit, et me raconte des histoires, systématiquement ponctuées par la moto. La moto, c'est un long baiser bruyant, si prolongé et pétaradant qu'il ressemble au vrombissement d'une moto. Je ne m'endors pas si ma mère ne sacrifie pas à ce rituel.

Lorsqu'un jour de folie passagère, je décide de dessiner sur les murs de l'appartement que papa vient de repeindre, ce qui le met en pétard, maman garde le secret. Certes, je recevrai une fessée inoubliable quelques jours plus tard, mais ma mère a parfaitement joué son rôle de protectrice.

Je n'oublierai jamais ces moments de bonheur simple, à la sortie de l'école. Elle est là, tous les jours. Avec Nathalie, nous courons vers elle, et main dans la main, repartons chez nous. Près d'elle, avec papa, rien ne semble pouvoir nous atteindre. Autour du cocon familial, des remparts d'affection nous préservent. Papa, c'est le complice. Il préfère de loin le pistolet à eau, avec lequel il engage contre ses filles des combats épiques, à son arme de service. Maman, c'est la présence attentive, la réparatrice de nos petits chagrins.

Pour un peu de douceur en plus, nous avons aussi une

grand-mère... la maman de maman. A Marseille, elle est concierge d'un immeuble. Chez elle, ça sent la confiture et la tarte aux pommes. Avec Nathalie, nous passons des journées entières à jouer à la poupée dans des cabanes en carton, que la grand-mère nous fabrique. C'est elle qui taille les fenêtres et pose les rideaux. Pendant ce temps, nous pillons ses placards des gâteaux et bonbons qu'elle cache mal, afin que nous puissions les trouver.

A chacune de nos visites, mémé a préparé les cuillères. Petites ou grosses, elles sont remplies de sucre. La grand-mère les fait chauffer et en quelques minutes, les cuillères sont remplies de caramel. Un caramel au goût de tendresse, que je n'ai pas oublié.

Avec Nathalie, nous sommes deux ouragans associés, et, après nos séjours, la grand-mère doit avoir du mal à se remettre.

Elle nous aime, en particulier papa, auquel elle mijote des plats extraordinaires. Mais celle qu'elle aime plus que tous, à en perdre toute lucidité, c'est maman, sa fille unique. Elle a tout fait pour elle, sacrifiant sa vie, après la mort de son premier mari, pour que ma mère ne manque jamais de rien.

Et quand sa fille partira dans l'autre monde, celui de Bourdin, peut-être en quête d'un père qu'elle n'a pas eu, elle la suivra jusqu'au bout de ses errances.

Aujourd'hui, ma grand-mère porte encore comme un fardeau, un nom initiatique, elle est chevalier du Lotus d'or, elle s'appelle Sandily.

La mémé croit ou feint de croire en Bourdin, au travers de sa fille, pour ne pas la perdre, puisque c'est tout ce qui lui reste. Je sais qu'elle souffre, depuis des années, cachée dans un petit village d'Ardèche, attendant la mort après avoir espéré, en vain, la résurrection de sa fille.

Je sais aussi que mémé va pleurer ou enrager à la lecture de ce livre. Alors grand-mère, sache ceci, et crois-moi, en souvenir de tout l'amour dont tu as inondé la petite fille que j'ai été. Tous les faits que je vais rapporter ne sont hélas que vérités.

Et toi, tu le sais bien, qui as été sacrifiée par ta fille comme les autres. Mieux que tous, tu sais quelle fille, quelle femme, quelle mère elle a été, avant de suivre le grand manipulateur.

Oui, la femme au visage fermé, que la France entière connaît aujourd'hui, par la télévision, cette femme perdue, venue comme quelques autres, devant le palais de justice de Digne, soutenir ce pantin dérisoire, qui fut le violeur de sa fille, cette femme prisonnière d'un escroc qui n'abuse plus personne, cette femme qui défend l'indéfendable, cette femme qui fut ma mère, a su donner beaucoup d'amour.

Mais c'était il y a vingt ans...

Rien ne vient perturber notre quiétude, pas même les mutations régulières de papa.

Au contraire, dans chacune des gendarmeries, ce sont de nouveaux copains pour nous, d'autres amis pour nos parents... à Hyères, Martigues puis Istres.

Dans les casernes, sur l'aire de jeux, nous nous contentons de changer de gendarmes et de voleurs.

Si la perte d'une amie provoque quelque drame, nous la remplaçons très vite. Nous avons le sens du provisoire.

Nos parents sont très souvent de sortie. Les gendarmes ont aussi le sens de la fête. Pourtant, un matin, au petit déjeuner, c'est de spiritisme qu'ils parlent. La veille au soir, chez un couple d'amis, ils ont tenté de faire tourner une table.

– Ça sert à quoi, maman ?

– Il paraît qu'on peut parler avec les morts...

– Mais ils sont morts, c'est pas possible...

– Tu comprendras plus tard, pour l'instant, tu es une enfant... de toute façon, ce n'est qu'un jeu. On a bien ri, tu sais.

J'ai su, plus tard, que ma mère et ses amis « jouaient » et « riaient » aussi dans les cimetières.

Ce qui n'est qu'un jeu, au départ, prend une tout autre dimension, lorsque ma mère fait la connaissance de M. Gravier.

Un professeur de yoga qui a parfois un regard aussi étrange que son surnom : Chankara.

Cet ancien instituteur, désormais à la retraite, vit près du mont Ventoux. Bon vivant, sympa, intelligent, il est de ces hommes qu'on aimerait avoir parmi ses amis. Peut-être un peu « chaud lapin », au dire de ma mère. C'est, en apparence, le seul danger qu'il représente.

Chankara raconte comment il a été initié par un homme hors du commun, qui a vécu comme un ermite, dans une grotte du Vaucluse.

Ma mère a commencé à suivre des cours de yoga. De plus en plus assidûment. Très rapidement, elle n'est plus la même. Apaisée mais moins proche, plus légère mais absente.

Et ce qui ne devait être qu'un hobby pour rompre l'ennui se transforme, sans qu'elle y prenne garde, en une passion dévastatrice.

« J'organise un séminaire dans un centre de yoga international, tout près de Castellane, dans les Alpes-de-Haute-Provence. Que ceux que cela intéresse se fassent inscrire. »

Quand Chankara lance l'idée, ma mère est tête de liste.

« Ça nous fera une sortie, on y va tous. » Mon père a décidé d'accompagner ma mère. Pour elle, ce séminaire est tellement important. « Une étape décisive pour toi » lui a dit son prof de yoga. Diabolique prémonition !

J'ai neuf ans, Nathalie, ma sœur, dix ans et demi. Pour nous, tout est aventure. Dans la voiture qui se faufile le long du Verdon, en direction de Castellane, nous sommes radieuses.

Pourtant, dès notre arrivée à la Baume de Castellane, on nous fait rapidement comprendre que ce lieu paradisiaque n'est pas un nouveau terrain de jeu, pour les petites filles que nous sommes. Un panneau barre le chemin d'accès : « Centre international de yoga et de méditation ». Quelques personnes, hommes et femmes sont là, discutant autour d'une tente militaire. Chacun s'émerveille devant le paysage. De là où nous sommes, nous dominons un lac tout bleu coincé entre des montagnes vertes et ocre. La lumière est extraordinaire. Tout y est paisible. Je regarde maman. Elle est radieuse.

Il y a apparemment des gens qui vivent ici en permanence. A côté de la tente américaine, ils ont planté deux ou trois baraques préfabriquées.

Nous sommes en train de partager notre pique-nique, quand soudain, certaines des femmes qui nous ont accueillis se lèvent précipitamment. Un homme s'approche. Il me semble l'avoir déjà vu. Oui, c'est ça, sur une photo que Chankara a accrochée dans son centre de yoga.

Il a vraiment une drôle de tête, ce type-là... Pas un seul cheveu, et une peau très brune. Ce qui m'impressionne le plus, ce sont ses yeux. Ces yeux bleus (que j'apprendrai à connaître plus tard), presque transparents, qui vous pétrifient, lorsqu'ils vous fixent intensément, et qui vous rendent malheureuse lorsqu'ils passent furtivement, comme si vous n'existiez pas.

Chankara fait les présentations. Nous sommes alignés. L'homme au crâne rasé a l'air de passer tout le monde en revue, un peu comme à la gendarmerie, quelquefois. Il porte une tunique jaune sur une chemise pourpre. Il se tient très droit. Pour qui se prend-il ? Nathalie, ma sœur ne semble pas impressionnée, plutôt étonnée et amusée. Les adultes, en revanche, paraissent complètement fascinés, et pour tout dire un peu ridicules... Comme les autres, ma mère a un air étrange... un regard d'automate, un sourire béat, une soumission totale... Evidemment, l'autre, « l'apparition », se rengorge...

Sur son passage, chacune et chacun joint ses mains et se penche en prononçant des paroles que je ne comprends pas. Il s'approche de moi.

« Bonjour, monsieur »... L'homme sourit de ses lèvres fines. Mais la femme qui est à mon côté, elle, ne rit pas du tout. Elle me prend par le bras, vigoureusement et me sermonne : « On ne dit pas Monsieur. C'est un grand maître. Tu dois dire Gurudji. »

Je ne sais pas ce que ça veut dire. Je ne sais pas non plus, à ce moment-là, que ma vie de petite fille va s'arrêter là.

Gilbert Bourdin, alias Gurudji, va voler dix-sept ans de mon existence.

Ma mère est subjuguée. C'est évident. Pas pour mon père, qui décide de respecter les choix de son épouse, et au début, en tout cas, ne s'oppose pas à cette nouvelle passion.

Le yoga envahit notre vie quotidienne.

« Yoga... Silence... Interdiction d'entrer ! » Désormais, ce panneau orne la porte de la chambre de mes parents.

Tous les matins, tous les jours de la semaine, à 10 heures, ma mère s'enferme dans cette chambre, dans laquelle elle a aménagé un petit temple. Malheur à qui ose perturber ce rituel. Avec Nathalie, nous avons plutôt envie de rire, mais on ne se hasardera pas à provoquer la colère maternelle. Mon père, lui-même, n'a pas le droit d'entrer dans sa chambre.

Dans le même temps, nous changeons de mode d'alimentation.

« Gurudji a dit... Gurudji a fait... » Ma mère n'a pas oublié ce premier jour au Mandarom, où Bourdin parle des avantages immenses d'être végétarien, alors que tous les nouveaux stagiaires s'empiffrent de poulet, de rôti froid ou de saucisson, prévus pour le pique-nique.

« Gurudji dit que la viande encrasse l'organisme, obstrue les centres d'énergie. L'homme en recherche spirituelle est moins performant, et reste un simple terrien... »

Nous serons donc végétariens !

Curieusement, papa ne réagit pas. Au contraire. A la maison, il continue à servir le petit déjeuner au lit à sa femme et au Mandarom, tout le monde accueille chaleureusement cet homme jovial, toujours souriant, les bras chargés de cageots de fruits ou de légumes. Lui-même semble apprécier ces « nouveaux amis ».

Bourdin l'a bien compris. Alors que mon père n'a suivi aucun enseignement, il en fera un chevalier du Lotus d'or.

Mieux même... Bourdin me donnera, un jour, une statuette en bronze représentant un chien de chasse tenant sa proie dans sa gueule.

« Tu vas la donner à ton père, et lui dire que désormais, son nom initiatique est Arjouna... le symbole du guerrier en Inde... »

Bourdin frappe juste. Papa est passionné de chasse.

Mais l'habileté diabolique de Bourdin, pour obtenir l'adhésion des hommes et des femmes qui l'approchent, va faire des ravages chez ma mère. Il va d'abord lui décerner un pseudo-diplôme de professeur de yoga. Ainsi, commence-t-elle à donner des cours dans une discipline qu'elle vient à peine de découvrir. Hélas, le yoga, simple maîtrise du corps, est rapidement dépassé.

A la Baume, rebaptisée Montagne sacrée, le hata yoga, sorte de gymnastique harmonieuse, laisse place peu à peu à d'interminables séances de méditation.

On m'apprend les vertus du son *OM*. Un son dont la répétition en toute circonstance et en tout lieu, me garantit la communion avec Dieu, doit me protéger et me guérir. Ma soumission aux règles de l'ashram me permettra de prononcer un son *OM* purifié.

Comment si jeune, si petite, aurais-je pu mettre en doute ce que me disait, du haut de sa grande sagesse, notre gourou ?... « le son *OM* stimule les cellules pulmonaires, donne la santé, la jeunesse et influence, avec bonheur, notre système nerveux. Le *OM* chanté au moment de la mort, favorise une meilleure réincarnation, brûle les péchés... On peut chanter *OM* à voix haute, pour chasser les mauvais esprits, à voix basse, pour se calmer et se concentrer, ou même en silence, afin d'augmenter la puissance de l'âme... »

Avec cet *OM*, tout paraît simple. Ce premier pas vers ma vie « monastique », je vais le franchir avec toute la ferveur de mes neuf ans. Tous les jours, durant des années, je vais soigneusement remplir un cahier sur lequel sont recensés tous les sons *OM* que j'ai pu prononcer chaque jour. Les premiers temps, j'atteins péniblement 10 000 sons *OM* par jour. Quatre ans plus tard, je réalise des pointes à 100 000. Ce cahier doit être tenu avec un soin particulier. Le mien est impeccable. Rien à voir avec mes futurs cahiers d'écolière paumée. Il y avait déjà deux enfants en moi !

Chez nous, ma mère s'isole de plus en plus souvent.

Elle suit à la lettre les préceptes du « maître » dont elle sait, dont elle croit qu'il a été initié à toutes les grandes religions et traditions.

La cuisinière d'antan n'a plus le goût, ni le temps, de s'adonner à ces activités, si bassement terrestres. Son approche d'un monde supérieur par un être exceptionnel l'emporte sur tout ce qui faisait autrefois notre vie de gens simples mais heureux. Bref, on ne mange plus rien, sinon des patates, on ne rit plus, on ne partage plus, on ne joue plus. Papa va toujours à la chasse, mais il s'arrange pour revenir bredouille. Pas de viande à la maison !

Devant mon père médusé, mais compréhensif, ma mère nous sert les bienfaits du végétarisme à la sauce Bourdin : « Cette nourriture purifiée nous évitera les empoisonnements psychiques, les énergies de haine, de vengeance ou de mort, qui pourraient nous maintenir dans l'âge de Fer. Heureusement, le son *OM* et le mantra *OM AH HUM*, neutralisent les mauvaises vibrations de la nourriture. »

Incrédules, papa et Nathalie se taisent. Moi, soumise, je ne mange déjà plus de viande... Notre famille est en train d'exploser, mais nous ne le savons pas encore.

Nathalie, ma sœur, ne va pas tarder à ruer dans les brancards. Contrainte, au début, de suivre le mouvement familial, participant même aux premiers rituels et à la vie communautaire, elle va peu à peu s'en éloigner, comme si encore enfant, elle avait senti la folie venir.

Elle a les yeux ouverts, je rêve. Elle se bat, je courbe le dos. Elle proteste, je me tais. Elle fuit le Mandarom, j'adhère. Aujourd'hui, Nathalie a contribué à mon réveil et a suscité ma révolte.

A l'époque, je la plains, persuadée qu'elle commet

l'erreur de sa vie en laissant passer l'occasion unique de devenir une petite fille différente, meilleure que toutes les autres, se préparant à une vie exceptionnelle.

Je sais aujourd'hui que je répétais fidèlement, en mode automatique, ce que me rabâchait, à longueur de journée, une mère elle-même contaminée par son « maître ».

« AIMER, SERVIR, PARDONNER, REALISER LE DIVIN EN SOI »

J'ai presque dix ans, et j'ai fait mienne la devise des chevaliers du Lotus d'or. Avec d'autres enfants, entraînés par leurs parents à Castellane, c'est la première formule que j'ai dû apprendre par cœur.

Alors qu'au début, nous ne montions au Mandarom que pour certaines fêtes ou manifestations particulières, ma mère s'y précipite à la moindre occasion. Nous avons une caravane à proximité de ce qui est devenu un lieu de culte.

Récemment attaqué par la presse, Bourdin a nié que les enfants aient été mêlés aux activités du Mandarom. Je suis là pour témoigner aujourd'hui, que de nombreux enfants ont été les victimes de conditionnement, d'endoctrinement, d'asservissement.

Certes, on les a pris par la main, mais pour les guider sur une voie unique, tracée par un homme qui a imposé à ces enfants des réponses à des questions auxquelles ils ne comprenaient rien.

J'étais de ces enfants enchaînés, livrés en pâture à un mégalomane.

Je n'avais aucune chance de m'en sortir.

Ma mère est dans la nasse! Et moi avec elle....

Désormais, tous nos week-ends, toutes nos périodes de vacances, sont consacrées au Mandarom. Les privations et les ascèses envahissantes à la maison deviennent insupportables.

Papa voit peu à peu s'éloigner sa femme, sans pouvoir la raisonner, la retenir, mais il a décidé de respecter les choix de ma mère, se disant, peut-être, que ça lui passerait.

En attendant, quand elle n'est pas auprès de son maître, à Castellane, elle semble s'y transporter par la pensée, et ceux qui l'entourent n'existent plus.

Tout ce qui faisait sa vie, autrefois, est aujourd'hui dérisoire à ses yeux.

L'été 1976 reste un déchirement pour moi. Tous les ans, papa est détaché comme maître nageur sauveteur, au bord de la mer. Mais cette année-là, nous ne le suivrons pas. Je me souviens de ce jour où papa est parti seul, en mission. Il nous a embrassées, sans s'inquiéter vraiment. Simplement un peu triste de ne pas nous avoir à ses côtés. Il ignorait que nous ne partions pas en vacances, comme le lui avait fait croire ma mère. Nous passerons notre premier été au Mandarom.

Privée de châteaux de sable, Nathalie suit à contrecœur. Moi, je m'accroche. Sans une hésitation, je crois ce que tous disent là-haut : « Gurudji est un Saint, un Sage que nous seuls avons le privilège de croiser, ne ratons pas cette occasion de grandir. »

La dévotion affichée par les adultes, la présence d'autres enfants qui semblent aussi passionnés que moi, me rassurent.

Quand Gurudji sort de sa maison, majestueux, dans sa tunique orange, signe des grands sages, je frissonne. Quand les femmes se jettent à ses pieds, en gémissant « Seigneur, que vous êtes beau... », quand les hommes jettent sur son passage des pétales de roses, quand son plus proche disciple ouvre un parapluie au-dessus de sa tête sacrée, pour le protéger de la pluie ou du soleil, quand d'autres passent autour de son cou des colliers de fleurs, la fillette que je suis le voit encore plus grand, encore plus beau, encore plus saint.

Il y a de plus en plus de monde, là-haut... Les abris improvisés du centre de yoga, ont laissé place à un premier temple et à quelques bâtiments destinés à l'accueil des stagiaires.

Tous sont là pour obtenir le droit de devenir un jour chevaliers du Lotus d'or. Disciples du Grand Maître. Et nous les enfants, faisons partie de la fête.

– Florence, avant de devenir un chevalier, tu devras apprendre les secrets que veut bien nous livrer Gurudji. Ce sont les secrets de la vie, de la création. Tu devras être un vrai yogi. Nous t'aiderons pour cela...

Les premiers mots de l'homme chargé de mon initiation sont apaisants. Je l'écoute religieusement. Comme chaque enfant, j'ai dû choisir un parrain, qui suivra mon enseignement, et me préparera à passer les épreuves qui me conduiront au rang de chevalier. Mon parrain s'appelle Drida. Nathalie, ma sœur, a franchi aussi ces premières étapes. Je me souviens que son « guide » était un marginal, un berger qui avait arrêté ses pas à la Baume, et n'était plus reparti.

C'est lui qui sera d'ailleurs chargé de faire subir aux enfants les premiers tests.

L'initiation du corps, tout d'abord. Avec obligation de connaître l'anatomie occulte de l'homme... tous les chakras, les points d'énergie, et nous répétions comme à l'école : « Le mulâdhârâ (entre le sexe et l'anus) le swadisthana (juste au-dessus du sexe) le manipurâ (au niveau du plexus solaire), le vishudha ou le sahsrâra... »

– C'est très bien, Florence, tu es un exemple pour tes frères et sœurs...

Je connais tout par cœur... les textes sacrés, les prières en sanscrit, les mantras, je suis la plus appliquée. On me le dit, je m'en persuade et je suis fière.

Durant les méditations, les enfants sont rassemblés auprès des adultes. Immense privilège.

Et un jour, la « distribution des prix »... Je vais revêtir la cape jaune de l'écuyer.

Les premières épreuves ont lieu dans la montagne qui domine le Mandarom. Au départ, c'est plutôt amusant.

Il y a l'épreuve de l'eau : à l'aide d'une cuillère que je serre, par le manche, dans la bouche, je dois ramasser un citron qui trempe dans une bassine d'eau. Rien qui puisse nous aider à nous élever sur un plan spirituel. Mais ce jour-là, le citron n'a pas résisté à mon désir d'être la meilleure. Idem pour l'épreuve du feu... éteindre une bougie avec les doigts, ou pour celle de la terre... un jeu de piste dans la nature.

Je suis terrorisée quand on m'annonce que l'épreuve de l'air consiste à sauter dans le vide, les yeux bandés... mon « parrain » va vite me rassurer. Le rocher d'où je m'élance atteint à peine une hauteur de un mètre.

Ce qui nous attend maintenant est beaucoup plus impressionnant.

Nous allons comparaître devant les adultes, et surtout devant notre maître.

Les chevaliers du Lotus d'or sont là, réunis dans le temple, les femmes d'un côté, les hommes de l'autre. Tous en grande tenue.

Le « seigneur » est installé sur son trône, dans une tunique brodée d'or. Il est superbe.

Chaque enfant a préparé une offrande pour notre seigneur. Un par un nous nous présentons devant lui, afin qu'il purifie nos paniers remplis de fruits, d'encens, de bougies.

Le simple son *OM* prononcé par le maître suffit à rendre comestible le contenu des paniers que nous déposons à ses pieds.

Nous sommes ensuite interrogés individuellement sur les règnes animal, minéral et végétal, sur le chemin du matériel au spirituel. Nous devons réciter des chapitres entiers de textes sacrés, parfois en sanskrit.

Je tremble de tout mon corps mais je débite la leçon apprise sans une hésitation.

« Tapah svâdhyâyeshvara-pranidhânâni kriyâ yogah. »

(L'austérité, l'étude de soi et l'abandon à Ishvara constituent le yoga préliminaire.)

D'un Aum rapide, Gurudji me donne l'absolution.

J'ai à peine dix ans et sans un accroc, je viens de faire mon entrée dans le cercle fermé des chevaliers du Lotus d'or, on me dit bénie des dieux. Je quitte le temple, revêtue d'une cape jaune. Mon visage ne doit rien laisser paraître. Au fond de moi, je ressens une joie immense, indescriptible, d'appartenir à une famille d'élus, ma nouvelle famille.

Car pour ce qui est de l'autre, la vraie, celle que nous formions avec Nathalie, papa et maman, ce n'est plus pareil. Ma mère est en prière de plus en plus souvent. Le matin, elle se lève et allume aux quatre coins de la maison des bâtons d'encens. Elle appelle ça le quadrilatère de protection. Que le diable vienne s'y frotter !

Sa chambre est de plus en plus souvent inaccessible... notre maison s'est peu à peu transformée en ashram.

Les disputes avec Nathalie sont quotidiennes.

– Ne mange pas ça, c'est mauvais pour ton karma... ne regarde pas la télé, c'est plein d'ondes négatives... ne lis pas ce livre, il ne t'apportera rien...

Nathalie entre en guerre ouverte avec notre mère, et passe le plus clair de son temps dans sa chambre où elle a stocké télé, chaîne hi-fi et livres.

J'aurais dû imiter ma sœur aînée, me révolter, balancer la médaille ou la photo du maître offertes au nouveau chevalier, crier que je ne comprenais rien à ce qu'on me demandait de faire ou de dire, que je voulais redevenir la petite fille que j'étais avant, jouer et repartir en vacances avec mon père, que j'avais plus besoin de baisers et de bras pour me protéger, que de prières à Vichnou, Melkitsedech, ou Kalki.

« Maman, je ne veux plus monter au Mandarom... »

J'aurais dû le dire... je ne l'ai pas fait... bien au contraire... de ma prison spirituelle, prise dans cette gangue, je ne trouvais de sens à la vie que dans la prière et la dévotion au Maître.

J'avais pourtant fait le premier pas vers la rébellion. Quand nous avions faim, c'était assez fréquent (chaque privation nous grandissait, paraît-il) nous partions avec Nathalie acheter, en cachette, ce qui nous était interdit.

Je me souviens d'un jour... « Flo, la mère donne son cours de yoga, c'est le moment... » Je sais ce que veut dire Nathalie. Je trouve le porte-monnaie de ma mère dans son sac, je prends un peu d'argent et je retrouve ma sœur dans la rue. Direction l'épicerie. Il n'y a pas de temps à perdre. Nous dévorons, comme deux affamées, le jambon et le thon en boîte que nous venons d'acheter.

Soudain, je vois ma mère, dans la rue, juste en face de nous. Le choc est tel que je m'étouffe presque. Nathalie réagit mieux, elle jette ce qui reste de jambon dans le caniveau. La mère ne voit rien, mais j'ai eu tellement peur ce jour-là, je me suis sentie tellement coupable, que j'ai prié encore plus que d'habitude en retrouvant ma chambre.

Dans cette chambre, tout est prévu pour la prière.

Parce que papa ne doit pas savoir, j'ai aménagé un petit temple dans un placard. Dès que j'ouvre la porte, je retrouve Ganesha, le dieu vénéré en Inde, que j'ai choisi au début de mon initiation. C'est le dieu qui détruit les obstacles. Je revois encore la statuette, représentant un corps d'homme avec une tête d'éléphant. En bonne place aussi, la photo du grand maître du Mandarom. Gurudji, qui se fait désormais appeler Seigneur Hamsananda (un nom qui lui aurait été attribué par un grand sage hindou) puis Seigneur Hamsa Manarah, est sans cesse présent. Je prie pour lui, je le prie, je sens qu'il veille sur moi.

C'est dans ce lieu clos que je travaille aussi mes visualisations...

Après le salut aux quatre points cardinaux, en position de yogi, je ferme les yeux. Progressivement, l'image du soleil me pénètre et s'installe. Je vois parfaitement ce soleil, dominant tous les univers. Je suis le chemin tracé par un des rayons qui me mène jusqu'au centre de l'astre solaire. De ce bain de lumière intense, je retire un bien-être total. Toujours sur le même rayon qui m'a conduite vers la lumière, je repars vers ma chambre, vers mon corps.

Je visualise maintenant la Terre tournant autour de moi, puis la terre s'efface. Je respire profondément avant d'entrouvrir les yeux.

Depuis peu, je suis un vrai yogi. Voici quelques mois encore, malgré tous mes efforts, je ne voyais rien, les yeux fermés... Bientôt, le Maître nous imposera d'autres visualisations... et c'est son image de grand Saint qui remplacera le soleil.

J'ai onze ans et je m'apprête à rentrer en 6e. Je suis heureuse. J'ai toujours aimé l'école. J'y ai des copines qui sont devenues des complices, parfois des confidentes.

– Salut Flo...

– Bonjour Marie...

On s'embrasse, on rit, on parle toutes en même temps... ou plutôt, elles parlent entre elles.

Que puis-je leur dire quand elles se racontent leurs vacances ? Que j'ai passé l'été à prier pour le bien de l'humanité, à m'agenouiller devant des idoles, à rendre grâce aux dieux de m'avoir élue, à me jeter aux pieds d'un homme extraordinaire, que je suis un chevalier ? Non, je dois me taire. Le secret, le silence. C'est la loi.

Je ne m'aperçois pas tout de suite de mon isolement. A la récréation, mes copines m'évitent. Je fais des efforts pourtant. Je suis partante pour tous les jeux, je ris avec les autres, je suis comme elles.

C'est ce que je crois... Je ne peux oublier ce jour où, n'y tenant plus, je m'approche d'une de mes meilleures amies...

– Tu ne me parles plus, comme si je n'existais pas, qu'est-ce que je t'ai fait ?

– Rien, Florence, rien...

– Mais si, dis-moi...

– Ecoute, regarde-toi un peu et tu comprendras...

Je crois bien avoir pleuré longuement, plantée au milieu de la cour de récréation, sentant le regard cruel des autres filles, entendant leur rire. Je suis seule dans mon poncho pourpre, arborant ma médaille de chevalier du Lotus d'or et mon chapelet. Mais cette douleur intense, maintes fois ressentie, cette douleur qui aurait dû me faire réagir, je vais l'enfouir au plus profond de mon être.

« Elles ne savent pas, elles ne comprennent pas que là-haut, je travaille aussi pour elles. Elles vivent dans l'illusion, ignorant que la vraie vie c'est la prière et le sacrifice... »

Cette voix de l'intérieur ne me laisse aucun répit. J'ai l'impression que c'est moi qui m'exprime, un autre moi qui me parle, m'encourage, me conseille. Mon double, peut-être.... Aujourd'hui, je sais que l'on m'a préparée, façonnée, programmée. En quelques mois à peine, Bourdin et ses disciples ont réussi à détruire une enfant pour en fabriquer une autre, à leur image.

Ainsi, suis-je arrivée à me persuader que c'est pour mon bien que mes amies me rejettent. Le parcours initiatique du chevalier est une succession d'épreuves, d'obstacles à franchir. A longueur de journée, je récite mes mantras contre le doute, et j'oublie la douleur qui m'habite de n'être plus comme les autres.

Non, elles ne savent pas tout ce que nous avons fait, cet été-là... Elles ne savent pas la naissance de l'aumisme, la religion nouvelle, fondée par notre maître. Désormais, sur la montagne sacrée, toutes les religions et traditions sont représentées. Notre Seigneur Hamsa Manarah en a réalisé la synthèse et dans son immense générosité l'a offerte à ses disciples, en disant : « Allez le dire au monde entier. »

Durant tout l'été, nous avons accompli un énorme travail sur le plan spirituel mais aussi matériel. Le Seigneur a imaginé, conçu toutes les représentations symboliques afin que d'autres sachent que la religion universelle est née. Puis ce sont les chevaliers, hommes, femmes, enfants qui ont remué des parpaings tout l'été. Je me revois encore, fillette, portant des seaux de béton, sous une chaleur accablante, les mains brûlantes, tout le corps meurtri, récitant mes mantras contre la douleur.

« Quelle fierté, quelle joie ce doit être pour toi, encore enfant, de pouvoir participer avec nous à cette œuvre immense et si importante pour l'avenir de l'univers... » Les chevaliers plus aguerris sont toujours là pour me remettre dans le droit chemin. Et j'avance, comme un automate. C'est la période euphorique, où l'on ne compte pas. Des urnes en bois sont installées en divers endroits de l'ashram. Les chevaliers sont fermement invités à y verser un peu d'argent qui servira à l'achat des sacs de ciment.

Ce matin, je ne me lève pas... ras le bol... il fait encore noir dehors, on a prié très tard, la nuit dernière. J'ai encore les oreilles qui bourdonnent du bruit infernal des clochettes qui rythment nos ascèses... non, je ne me lève pas... je suis épuisée, le moindre de mes gestes me fait mal, les paumes de mes mains ont éclaté...

– Florence, il est l'heure, le seigneur t'attend...

Un chevalier, chargé du réveil, brise ma révolte.

Quelques minutes plus tard, je suis sur le chantier avec les autres... je me sens coupable d'avoir osé me rebeller. Je rajouterai quelques prières à mon programme quotidien, et j'espère que le Seigneur me pardonnera.

Il a tellement de détails à régler, notre maître.

Aujourd'hui, les gendarmes de Castellane sont montés.

– Nous n'avions pas le droit de construire le temple Lotus sans autorisation, précise un chevalier, responsable des constructions.

Le temple Lotus, un bâtiment majestueux de 11m de hauteur, est la résidence privée de notre Seigneur. Il n'en sort que très rarement, pour certaines cérémonies. Quelques femmes y vivent en permanence.

C'est un immense privilège que d'être appelée au service du Seigneur, un enrichissement de tous les instants, aux dires de celles qui ont eu la chance d'être élues. Mais lorsqu'on demande aux femmes ce qu'elles ont fait dans le Lotus, elles se referment, deviennent mystérieuses, parlent de secret qu'elles n'ont pas le droit de partager.

Ce sont ces mêmes femmes que j'espère rejoindre un jour, qui ont le privilège de pratiquer la Pada Pudjà, le rituel d'adoration des pieds. Dans le grand temple, le Maître est installé sur son trône. Il a les pieds nus. Seules quelques sœurs ont le droit d'approcher le Seigneur. Une d'entre elles porte un récipient d'eau parfumée au santal... elle lui lave les pieds, avant de répandre des pétales de fleurs sur ces symboles de la compassion et de l'amour divin.

A ce moment-là seulement, les autres sœurs ont le droit d'embrasser les pieds du Maître.

L'assemblée entonne des mantras de dévotion, c'est ce qu'on appelle le Guru Bakti Yoga, rituel de vénération au guru, qui a beaucoup de succès chez les adeptes. C'est le chemin le plus court vers le Maître, et la garantie de réussir la transmutation des basses énergies en hautes énergies. Rien ne vaut le contact direct avec son guru.

Le petit garçon qu'on me présente est avide de connaissance.

Il a sept ou huit ans, à peine, et vient d'arriver avec ses parents. Je suis très fière et reconnaissante au Seigneur de la mission qu'il m'a confiée. Je suis chargée de guider cet enfant, de lui faire découvrir l'ashram, de lui expliquer la symbolique du lieu, des différents monuments, de l'informer des règles de vie monastique à respecter.

Il est tout de suite très attentif, curieusement concentré pour un enfant de son âge. Il découvre ce qui sera désormais son décor quotidien, mais ce premier jour-là, il ne le sait pas encore.

Le Mandarom est une fourmilière. Chacun, du plus petit au plus grand, participe à l'édification de la Cité sainte. Quand je ne charrie pas du ciment, je coule du béton dans des moules qui serviront à faire des barrières autour d'un temple.

Sur les cinq hectares de la Montagne sacrée, les monuments symboliques poussent comme des champignons.

Tiens, les gendarmes sont revenus chez nous. Des chevaliers les guident, leur donnent des explications sur le sens exact des constructions, et lorsque les réponses ne les satisfont pas, les hommes en uniforme ont parfois l'immense honneur de rencontrer notre Seigneur. Quelques minutes aux côtés de cette grande âme suffisent à les rassurer, et ils repartent.

Ce jour-là, il y a, dans le Mandarom, une effervescence particulière. Des chevaliers courent dans tous les sens, des nonnes s'agitent tout près de l'entrée de la Cité sainte.

– Un ami de notre Seigneur arrive... nous devons l'accueillir selon son rang...

L'homme, vêtu d'un costume gris, est pris en charge par une cohorte de chevaliers et conduit immédiatement dans le temple Lotus, où le Seigneur l'attend.

Un long moment plus tard, nous l'avons vu repartir, toujours escorté.

J'ai appris tout récemment que cet homme était le sous-préfet Leurquin venu « donner quelques conseils » aux bâtisseurs du Mandarom afin qu'ils puissent faire régulariser les permis de construire de l'ensemble des monuments érigés à la Baume.

Tout avait été fait dans l'illégalité. Le nombre et la taille des constructions obligeaient le sous-préfet à intervenir... vigoureusement.

Il l'a fait.

Et nous avons pu continuer notre œuvre....

Je suis émerveillée par tant de beauté accumulée.

Le Temple d'or dédié à Melkitsedech, est l'exacte reproduction du temple de Salomon. C'est le symbole du Judaïsme.

La mosquée de l'Imam Mahdi représente l'Islam.

Le temple de Kalki c'est l'Hindouisme et ses énergies rédemptrices.

Kalki, c'est l'architecte divin, le maître de l'équilibre.

Plus tard, le Christ cosmique sera la meilleure traduction symbolique du christianisme.

Le totem représente les religions amérindiennes, animistes et africaines.

La statue de Maria Cosmica c'est l'énergie féminine qui enfante l'homme et son monde.

Notre Seigneur a voulu rassembler, en un même lieu, toutes les religions et traditions connues. Sa réussite est complète.

Je ne me sens bien que le chapelet en main, priant

autour des statues, reliant ma force à celle de mes frères et sœurs, afin de préserver le monde, menacé d'implosion. Nous, les enfants, sommes le signe vivant de la pureté et les garants de la poursuite de l'œuvre de notre Seigneur.

« Tu fais don de ta vie pour le bien des hommes... Un chevalier doit être courageux, intrépide, capable des plus grands sacrifices, capable d'abandonner père et mère, richesses matérielles et autres conditions sociales. » Combien de fois ai-je entendu cette phrase ?

Chaque jour est pour moi, enfant choisie, l'occasion d'affirmer mon attachement et ma fidélité à notre Seigneur. Avec lui, tout est clair, simple. Toutes les réponses aux questions que je peux me poser sur ma vie, sur ma situation d'enfant, sur mon avenir, je les trouve dans les écrits et les paroles de mon Seigneur. Pourquoi chercher ailleurs ?

Lorsque je repars du Mandarom, je suis régénérée, plus grande que les autres petites filles de mon âge. S'il m'arrive d'être désemparée, je me réfugie dans ma chambre, j'ouvre mon placard secret et je prie. Je prie Ganesha, l'enfant de Vichnou, celui qui détruit les obstacles. Je prie Gurudev, notre Seigneur Hamsa Manarah, dont la photo trône dans mon minitemple.

Je visualise son image dans mon cœur. Je le porte en moi.

Cet hommage permanent et unilatéral à notre Seigneur est un devoir. Dans tous les gestes de ma vie quotidienne, je pense à lui. Quand je fais ma toilette du matin, c'est un acte de purification, un hommage à notre

Maître. Je fais la vaisselle en pensant à lui. Je dois me montrer digne d'être une de ses disciples, d'avoir été choisie. Je porte la tenue pourpre, qui fait tant rire mes copines, parce que je suis fière d'appartenir à la race des initiés.

Désormais, je me lève à 4 heures tous les matins.

Mantras et textes sacrés se succèdent jusqu'à 7 heures, heure de mon départ pour l'école. Je répète des milliers de fois le son *OM*.

Je prie pour l'évolution des êtres, pour que le genre humain progresse sur la voie de la tolérance, de l'harmonie et de la paix. Rien ne doit me détourner de ma mission.

Certains matins sont pourtant douloureux. C'est encore la nuit. J'allume ma lampe de chevet. Ouvrir les yeux... je me lève, mes jambes ne me portent plus. Ma fatigue est telle que je m'accorde quelques minutes de répit. Juste quelques secondes, ne penser à rien... ou plutôt si... penser à détruire mon temple, à déchirer la photo du Seigneur, jeter chapelet et médaille, prendre mon ours Séraphin, le serrer fort dans mes bras, m'allonger sur mon lit, et me rendormir, comme toutes les petites filles du monde.

Mais je n'en ai pas le droit. Mon statut de chevalier me l'interdit. Pas de faiblesse dans l'accomplissement de la mission. J'ai sommeil, j'ai faim, je veux jouer, lire et rêver, je ne le peux pas. Dès que je ferme les yeux, la visualisation est automatique, l'image de notre Seigneur apparaît.

Et si, l'espace d'un instant, j'envisage de négliger mes

ascèses, je me sens coupable. Comment moi, petit être fragile que le Seigneur Hamsa Manarah a pris sous sa protection, oserais-je douter? En fait, je suis incapable de savoir si la voie tracée pour moi est la bonne, c'est la seule!

En voyant, autour de moi, vivre Nathalie, entourée de copains, riant avec ses amies, en mesurant le fossé qui nous sépare après deux ans de fréquentation régulière du Mandarom, les périodes de doute ont été intenses et dangereuses.

Je me suis un jour confiée à une des rares amies qui me restent.

– Je crois que je vais me tuer...

– Pourquoi dis-tu ça?

Un mélange de surprise et de peur panique dans le cri de ma mère qui est là, et a tout entendu.

– Pourquoi? insiste-t-elle....

– Ça sert à quoi de vivre? tous les jours, la même chose... pour quel résultat? Ce n'est que ça, la vie?

Devant ma copine, ma mère est interdite de parole. Elle, comme moi, devons garder le secret. Nous n'allons pas entamer une discussion sur les vertus du sacrifice et de la purification, sur la grandeur de notre Seigneur Hamsa Manarah, devant une « pauvre » fille ignorante.

Un seul regard de ma mère suffit. Je ne parlerai plus de suicide, même si quelques années plus tard, la mort va m'approcher à nouveau.

Est-ce à mon intention que notre Seigneur s'exprime au cours d'une séance d'enseignement, le week-end suivant, au Mandarom, toujours est-il que je suis certainement la plus attentive à sa parole divine. Comme d'habitude, un grand frisson parcourt les rangs des chevaliers lorsque le Seigneur entre dans le Temple où nous sommes rassemblés. Notre Maître porte un chapeau étrange, de couleur or, et une tunique de soie multicolore. Un arc-en-ciel !

Escorté par quelques chevaliers qui assurent son service d'ordre, le Seigneur passe lentement entre les hommes et les femmes, séparés par l'allée centrale du temple. Il esquisse parfois un geste de la main, un sourire apaisant aux coins des lèvres. Les yeux bleus balaient la foule de ses disciples, d'un air satisfait, et chacun a l'impression que notre Seigneur l'a regardé.

Systématiquement, il s'arrête devant le groupe des enfants, capes blanches et jaunes réunies. Je suis là, au premier rang. D'une formule magique, dont il a seul le secret, le Seigneur nous bénit, ponctue d'un *OM*, et poursuit sa progression.

Les femmes sont en état d'hypnose, à genoux, les mains jointes, le regard implorant, et saluent le passage du Maître : « *OM*, Seigneur, *OM*, Seigneur. »

– *OM*, répond Hamsa Manarah.

Emportée par la foule, j'entonne avec les autres le chant de ralliement des chevaliers du Lotus d'or, ce son *OM*, répété des milliers de fois... C'est notre Seigneur lui-même qui donne le rythme en tapant sur une petite clochette, et nous y allons de bon cœur, inconscients de l'abrutissement garanti : « *OM, OM, OM, OM...* »

Le Seigneur a conservé son drôle de chapeau. Il est

assis sur un trône, orné d'une peau de panthère, qu'un de ses amis, un sorcier africain, paraît-il, lui a offerte.

Le chant aumiste dure depuis un quart d'heure quand le Seigneur ordonne le silence, d'un seul geste. J'ai la tête qui bourdonne. Les clochettes se sont tues, je les entends encore. Je regarde autour de moi... l'extase des femmes, la concentration extrême des hommes, avant la Parole du Maître...

« La vérité est celle-ci... ne vous laissez pas entraîner vers l'illusion d'une vie matérielle sans lendemain. La prière et la méditation doivent vous mener sur le chemin de la connaissance. La connaissance de vous-même, en premier lieu, ce qui vous permettra ensuite de mieux comprendre l'autre.

Sachez que vous trouverez sur votre parcours initiatique de nombreux obstacles, parfois même chez vos proches, vos propres pères et mères.

Eh bien, n'oubliez jamais qu'il n'y a pas de père ou de mère, ils n'existent pas. Le seul père, le vrai, c'est Dieu. Lui est indispensable.

Tout le reste n'est qu'illusion, que perversion.

Balayez vos doutes et croyez-moi.

Le seul vrai chemin à suivre est celui de la prière. Etre au service doit être votre seule raison de vivre.

Je le répète, en vérité, il n'y a de père que dans Dieu. »

Papa, mon papa, pardonne-moi, aujourd'hui. J'avais onze ans, et je l'ai cru !

Pour moi, à cette époque, tout est de plus en plus facile. A chacun de mes retours du Mandarom, je me sens plus forte, épanouie. Mon seul travail de réflexion est réservé à la prière et à la méditation. Notre Maître ne me quitte pas. Je n'ai pas tous les soucis des petites filles de mon âge. Filles coquettes : « Qu'est-ce que je vais mettre aujourd'hui ? » Filles frivoles : « Qui vient à la boum, ce soir ? » Filles studieuses : « T'as révisé ton histoire ? »

Moi, je ne me pose jamais ces questions. Je prie !

A l'école, mes professeurs s'aperçoivent bien vite du peu d'intérêt que j'accorde à ce qu'ils racontent. Je n'apprends plus... demain, il y a la composition d'histoire et géographie... « je vais prier et le Seigneur m'aidera ».

Le résultat est lamentable, mais j'en sais la raison. Je ne suis pas prête, pas encore assez pure, pas assez digne de bénéficier de l'aide du Divin Maître. Je suis la seule coupable....

Alors, je m'enferme de plus en plus souvent dans ma chambre, mes ascèses sont toujours plus longues. Ne dit-on pas au Mandarom que je suis la plus pieuse des enfants chevaliers ?

Mais ça ne fonctionne pas. Mes bulletins de notes sont catastrophiques. Les professeurs qui m'ont connue dans les classes primaires se demandent où est passée la fillette vive, enjouée, attentive, qui respirait la joie d'apprendre. Je ne les entends plus !

Aujourd'hui, ma joie est ailleurs, là-haut... Pour ma mère et moi, les fins de semaine et les périodes de vacances restent des moments d'une rare intensité. Avant toute chose, à l'aide d'un bâton d'encens, nous devons « décalquer » la voiture, c'est-à-dire la protéger d'une agression éventuelle d'entités démoniaques, qui pourraient investir le moteur, par exemple. Les quatre coins du véhicule sont inondés de mantras...

Nous ne remarquons même pas nos voisins, penchés à leur fenêtre, riant devant ce ballet étrange.

Imperturbables, nous remplissons le coffre de la voiture de fruits et de légumes, dont nous nous sommes privés tout au long de la semaine, et en route pour le « paradis ».

J'ai l'impression que la lumière est plus belle, le ciel sans tache, le vert des prés plus vert, la montagne moins tourmentée, au fur et à mesure que nous nous approchons du Mandarom. Dans la voiture, nous chantons des cantiques et des mantras tout le temps que dure le voyage. Nous rendons grâce à notre Maître, aux dieux que nous avons choisis d'honorer, nous chantons l'amour, la tolérance, l'harmonie... Tout est bien.

« *OM* ha hum, *OM* ha hum, *OM* ha hum.... » Nous visualisons une lumière violette, signe de purification, et notre route est tracée jusqu'à Castellane.

J'ai su qu'une adepte du Mandarom nous dépassait largement dans la performance mystique. Au volant de sa voiture, elle parvenait à visualiser notre Seigneur... « C'est lui qui conduit ! » disait-elle, sûre de son effet. Un jour, hélas, cette fidèle parmi les fidèles s'est tuée en voiture... Seigneur, pourquoi l'as-tu abandonnée ?

En route vers le Mandarom, ma mère devient Mitti, son nom initiatique. Elle est radieuse lorsque nous empruntons le petit chemin bitumé qui serpente jusqu'à La Baume, et en transes en découvrant, au loin, notre monastère, notre maison... Nos frères et sœurs sont tous là. Certains en prière autour des statues, d'autres repeignant un temple. Une ambiance de ferveur que rien ne semble devoir perturber.

Je me sens bien dans ce lieu, enfin apaisée. Est-ce le fait de partager un même idéal avec des hommes et des femmes sélectionnés, d'appartenir à cette élite, je ne suis en sécurité qu'au milieu des statues monumentales, au plus près de mon Maître, pour le servir mieux.

D'ici, en haut, je vois bien que le monde dans lequel je suis née et où j'ai fait mes premiers pas, n'est que perversion, tentation illusoire, stérile. En fait, n'ayant rien connu de la vie avant ma « renaissance » au Mandarom, je ne fais que reproduire ce que des chevaliers plus aguerris me transmettent, après l'avoir eux-mêmes reçu de notre Seigneur Hamsa Manarah.

Mais à onze ans, je suis bien incapable de comprendre la portée de mes pensées et de mes actes. D'autres comprennent, pensent et agissent pour moi, par moi. A l'image des statues de béton multicolores qui sont désormais mon décor préféré, le ciment a parfaitement pris sur moi. L'ancrage est solide. La prison impalpable, sans barreaux, s'est refermée, à jamais.

Durant toute cette période d'apprentissage de l'enfermement, mon père est absent. Non pas qu'il se désintéresse du sort de sa femme et de ses filles, mais imperceptiblement, il semble ne plus rien maîtriser.

Il a toujours considéré que ma mère était libre de ses engagements. De plus, ses missions extérieures ne lui ont pas permis de sentir l'emprise progressive exercée par le Mandarom, sur ma mère d'abord, sur moi ensuite. Lorsqu'il constate les dégâts, il est trop tard....

Il gèle à pierre fendre. Nous sommes le 24 décembre 1977.

Mes parents ont loué une maison à un couple d'agriculteurs, qui sont les plus proches voisins du Mandarom. J'ai rarement vu ma mère aussi euphorique. La perspective de passer Noël, près de ses frères et sœurs chevaliers, au Mandarom, l'a mobilisée durant plus d'une semaine. Plus nous approchons de Castellane, plus elle semble concentrée, l'esprit tout entier tendu vers le monastère.

Au volant, papa ralentit, la route brille dangereusement. Ne se rendant pas compte du danger potentiel, ma mère intervient :

– Ne freine pas, on va être en retard, et le maître déteste ça...

– Et si nous n'arrivons pas du tout, il sera satisfait du sacrifice collectif, sans doute...

A l'évidence, papa est agacé. Ce voyage, très agréable sous le soleil, devient une expédition risquée, ce jour-là.

Dans la voiture, assise à côté de Nathalie, je ne dis rien. Je suis si heureuse de vivre ce Noël exceptionnel. Ceux qui ont déjà eu ce privilège nous ont dit l'athmosphère de paix et de joie collective qui règne durant les cérémonies.

Papa a accepté que nous passions Noël au Mandarom, à la condition qu'après la cérémonie, nous puissions nous retrouver pour réveillonner ensemble. Il a tout prévu, nos cadeaux en plus.

Le massif de la Baume sous la neige, avec en prime, un coucher de soleil, c'est superbe et pour moi, un signe du ciel. Hélas, nous sommes bientôt bloqués à 1 kilomètre du monastère. Devant nous, un mur de 1,50 m de neige. Papa stoppe :

– On n'ira pas plus loin ce soir...

– Il n'est pas question qu'on s'arrête ! Ma mère a hurlé, comme si elle venait de ressentir une douleur insupportable.

– Je veux monter là-haut et je monterai...

– C'est impossible, crie mon père.

– Laissons la voiture ici, et continuons à pied.

Vaincu par tant de bon sens, mon père s'arrête, prend l'essentiel de la charge sur son dos et nous voilà partis à l'assaut du Mandarom, dans plus d'un mètre de neige. Très vite, j'ai les pieds gelés. Dans le froid qui nous gagne et dans la nuit qui est là, les lumières du Mandarom sont notre seul guide. Je lutte contre le gel, en y voyant encore un symbole : « Nous allons vers notre Seigneur, comme les rois mages, guidés par l'étoile du berger ont cherché le Christ naissant. »

La progression dure près d'une heure. Enfin arrivés à notre maison, épuisés, nous nous arrêtons. Ou plutôt, papa s'arrête : « Je vais tout préparer, à tout à l'heure », dit-il... Nathalie, ma mère et moi continuons vers le Mandarom, où nous sommes fêtés par certains chevaliers, félicités par d'autres.

– Beaucoup de nos frères et sœurs n'ont pas fait le déplacement... la neige leur a fait peur, nous dit-on.

Pas à nous. Et de toute évidence, ma mère en est très

fière. Le Seigneur saura reconnaître nos mérites, c'est ce qui importe le plus à ses yeux.

A peine installées, nous nous sommes mises immédiatement au travail. Il n'y a pas de temps à perdre, le Seigneur va bientôt commencer les cérémonies rituelles. Chacune d'entre nous se doit de préparer une offrande que nous déposerons à ses pieds.

Dehors, faisant les cent pas dans la neige, des chevaliers surveillent les alentours de la Cité sainte. Les gardes sont toujours plus vigilants à l'occasion des grandes fêtes religieuses. Nous partageons tous cette crainte, même si nous ne savons pas qui nous menace.

Il m'est arrivée, très souvent, de prendre la tête d'un maigre cortège de quatre ou cinq chevaliers, chargés de « protéger » l'ashram, juste avant les cérémonies importantes. Au son du tambour que je porte devant le groupe de chevaliers, nous arpentons les cinq hectares du Mandarom, parfois sur des chemins ardus, afin d'aller bénir les quatre coins du monastère. On appelait ça la charge des Batoukas... Un quadrilatère de protection antidiable. Pour Noël, ce rite magique devait se faire dans la neige, et les candidats n'étaient pas nombreux. Moi, j'ai toujours été volontaire.

J'ai gardé de ce rituel de Noël, une odeur envahissante d'encens, des mélopées interminables, clochettes à l'appui, et des prières sans fin, pour la paix dans le monde, l'harmonie des cœurs et des esprits afin que les hommes reconnaissent un jour l'aumisme comme la seule religion sur terre. Au cours de ces rituels, toute notion de temps disparaît. Pour moi, petite fille, comme pour les autres enfants associés aux cérémonies, l'épreuve est toujours épuisante.

Cette nuit de Noël ne m'a jamais quittée...

Nous sommes en prière jusqu'au petit matin, et nous avons complètement oublié papa. Papa, seul dans la maison, attendant notre retour. Depuis quelques semaines, il a compris que maman a atteint le point de non-retour. Il sait, il sent qu'il l'a perdue.

Pourtant, il espérait une trêve à l'occasion de Noël. C'était sans compter sur Bourdin.

Au petit matin, quand nous sommes enfin redescendues, nous avons trouvé une table dressée pour quatre personnes. Une belle table de fête, prévue pour un vrai repas. Tout près, au sol, sous un petit sapin décoré, des cadeaux... Oui, nous avons trouvé tout ça, sauf papa. Il était parti réveillonner ailleurs !

Pour la première fois, nous avions rompu la tradition.

Est-ce ce soir-là que mon père a compris que le Seigneur Hamsa Manarah lui avait volé sa femme et ses filles ?

Je ne sais pas... ce que je sais, en revanche, aujourd'hui, c'est que Gilbert Bourdin a toujours savamment calculé ses attentats contre les familles qui l'ont approché. Séparer une famille, le soir de Noël, était une attaque à l'efficacité redoutable. La souffrance qu'il a infligée à mon père, cette nuit de la Nativité, je ne la lui pardonnerai jamais...

Quelques mois plus tard, je tourne déjà depuis une heure autour de la statue de Ganesha. Je ne sens plus rien, pas même les brûlures du soleil. Mon chapelet dans une main, une clochette dans l'autre, je marche et marche encore. Dès notre arrivée au Mandarom, ma mère s'est rendue dans le temple Lotus. Le Seigneur lui a accordé une audience. Il ne le fait qu'exceptionnellement.

– Florence, j'ai à te parler, veux-tu interrompre ta prière ?

Toute entière à ma méditation, je n'ai pas vu arriver ma mère. Je la regarde, elle est bouleversée. Elle a sûrement pleuré, ses yeux en sont encore marqués.

– Je dois t'annoncer quelque chose d'important, de très grave concernant ton père...

Ça y est, ce rêve que je fais quelquefois, quand je finis par m'endormir, après des heures de prière, à genoux, au pied de mon lit, ce cauchemar dans lequel je vois mourir mon père, vient de se réaliser. Papa, mon papa est mort !

En quelques secondes, les images affluent... je le revois dans son beau costume de gendarme, nous racontant une histoire à table, riant en jouant à cache-cache avec nous, me serrant fort dans ses bras avant de partir en mission.... papa est mort.... Pourquoi ? Et mes prières, alors, elles n'ont servi à rien ? N'ai-je pas assez donné au Seigneur pour qu'il condamne mon père ?

Je suis anéantie...

– Voilà, Florence, je voulais te le dire depuis un moment déjà, ton père et moi allons divorcer...

Si ce n'était le lieu et la maîtrise exemplaire dont doit faire preuve, en toute circonstance, un chevalier du Lotus d'or, j'aurais embrassé ma mère...

Un divorce, ce n'est rien, comparé à la mort !

– Je ne sais pas ce que nous allons devenir... je continuerai à donner des cours de yoga, et nous essaierons de nous en sortir comme ça.

Curieusement, ma mère semble très touchée. A cette époque, elle a déjà adhéré fanatiquement au système mis en place au Mandarom, et je ne pensais pas qu'elle tenait à ce point à son mari. Après tout, n'avait-elle pas choisi son gourou? Sans doute perdait-elle, en perdant mon père, le soutien matériel et financier indispensable au succès de sa vie spirituelle...

Quant à moi, je ne mesure pas l'ampleur de la catastrophe que représente le divorce de mes parents. Par bonheur, mon père est bien vivant. Certes, notre famille est morte, mais j'accepte cette mort comme une épreuve de plus dans mon parcours de chevalier.

« Ne pas penser que j'ai mal, que j'ai besoin de mon papa, de son rire, de ses coups de gueule, de sa tendresse, de sa chaleur, de sa joie de vivre près de nous, non, ne pas y penser... enfermer cette douleur, l'effacer par des heures de prière, de mantras ou de formules magiques... peu importe le moyen, mais ne pas pleurer... »

Des jours et des nuits entières, je me bats contre la tristesse, afin de me persuader que mon vrai père, le seul auquel je dois fidélité et respect, n'est pas celui qui s'en va, mais celui qui reste et restera : Notre Seigneur, le Maître du Mandarom. Je sors victorieuse de ce combat. Ma mère et les chevaliers du Lotus d'or m'ont expliqué que mon père n'avait pas compris le sens de la mission divine, accomplie tous les jours au Mandarom. Il était désormais devenu un ennemi, son côté démoniaque l'ayant emporté.

Démoniaque, le mot est lâché. Le délire peut commencer !

Ce fut la première fois, je crois, que le mot secte fut prononcé devant moi. Mon père, pour justifier sa demande de divorce, accusait tout simplement ma mère d'avoir adhéré à une secte et d'y avoir entraîné sa fille.

Toute cette période judiciaire, marquant l'éclatement de notre famille, je l'ai vécue comme une lutte, mais cette fois, plus du tout contre le déchirement, une lutte de tous les instants, contre mon père.

Ma mère prend systématiquement conseil auprès de notre Maître. Mon père est devenu une entité démoniaque, un de ces êtres qui peuvent, par leur action négative, compromettre la mission rédemptrice engagée par les chevaliers du Lotus d'or. Il faut donc l'abattre, pas au sens physique du terme bien sûr, l'abattre sur le plan psychique.

L'ordre est donné : nous devons, ma mère et moi, effectuer un énorme travail spirituel, afin que le Seigneur nous vienne en aide pour écarter mon père de notre chemin de lumière.

« Je vous l'avais bien dit... méfiez-vous de tous ceux qui pourraient vous écarter de votre mission... parfois très proches de vous... ceux-là ne font pas partie de notre monde supérieur... ils représentent un danger pour nous... oubliez-les et avançons sur la route de la sagesse et de la connaissance... »

C'est vrai, Seigneur, vous nous aviez averties. *OM* Seigneur !

A la maison, c'est l'effervescence. C'est un juge qui devra fixer les modalités du divorce et ainsi, nos nouvelles règles de vie. Dans ma chambre, ma mère dans la sienne, nous prions le Seigneur, afin que tout s'arrange au mieux, pour nous, ses servantes.

« Regarde, Ganesha, cet homme ignorant, qui dénonce la mère de ses enfants et la chair de sa chair. Tu sais, toi, Ganesha, tous les sacrifices consentis pour la paix et l'harmonie. Si ce divorce est une nouvelle épreuve, alors nous nous en remettons à toi pour réussir, comme d'habitude... »

Et les premiers signes ne tardent pas ! Nous venons d'apprendre que mon père est hospitalisé, à Toulon. Au cours d'une opération de gendarmerie, il s'est trouvé nez à nez avec un malfaiteur qu'il a tenté de raisonner. L'homme, coincé, a brisé un carreau et a essayé de s'ouvrir les veines. Mon père s'est précipité pour l'en empêcher, et s'est blessé grièvement à la main droite. Ma mère est euphorique, comme un champion après la victoire :

– Tu vois Florence, le résultat de nos prières... la justice divine a frappé... ton père ne veut pas me donner de pension alimentaire... voilà le verdict...

C'est merveilleux, Seigneur, tu nous as écoutées. Mon père a bien le démon en lui. Sa blessure est un premier avertissement.

OM Seigneur !

Pourtant, je sens bien au fond de moi que le combat est loin d'être gagné. Seul désormais, papa est malheureux. L'idée d'être séparé de ses filles, lui est insupportable. Dans mes rares moments de lucidité, je l'imagine, pensant à nous, espérant que nous ouvririons les yeux, enfin, avant que la catastrophe ne vienne.

Hélas, aux « Papa, je t'aime... » succède toujours « ... mais le Seigneur m'interdit de te voir... » C'est ce combat permanent entre le vrai et le faux, l'authentique et l'artificiel, le réel et l'irréel, auquel je ne suis pas préparée, qui va marquer ma vie, jusqu'à la naissance de mon fils Jérémie. Lui, mon enfant est bien vivant, et sa joie de découvrir m'a sauvée.

Au Mandarom, l'amour n'est qu'un mot accommodé à toutes les sauces, dont certaines nous sont interdites. Ainsi l'amour paternel.

Jusqu'à ce que le divorce soit prononcé, Nathalie et moi ne pourrons rendre visite à mon père. Ma mère nous a systématiquement interdit de le faire !

Quelques semaines plus tard, un juge nous convoque avant de décider du divorce.

Ce matin-là, tout le monde est malade à la maison. J'ai vu ma mère vomir. J'ai pleuré, en cachette. « Papa, ne nous quitte pas... » Mais nous nous ressaisissons très rapidement. Je vais partir au tribunal avec un arsenal complet de mantras de guerre et avec une arme. Une arme cosmique, un vajra, un objet métallique étrange, ressemblant à un batteur à œufs, permettant de bombarder l'ennemi d'ondes négatives. Ce jour-là, l'ennemi, c'est mon père.

En outre, on m'a demandé d'apprendre par cœur un texte intitulé : « Nous ne sommes pas une secte. »

Ça donnait à peu près ça : « Nous ne sommes pas une

secte, nous ne recherchons pas à faire du recrutement massif. Nous ne faisons ni prosélytisme ni publicité. Nos activités n'ont pas un caractère commercial. L'enseignement est gratuit. Nous ne recherchons pas la publicité et n'attirons pas les journalistes, sauf quand notre sécurité est menacée. » C'est ce que nous disions à qui voulait bien l'entendre.

Evidemment, c'était faux, de la première à la dernière ligne !

Dans la salle du tribunal, je m'assois aux côtés de ma mère.

Je sens que mon père cherche à capter mon regard, je l'évite... je ne dois pas mollir. Avant que nous n'entrions dans la salle d'audience, nous nous sommes croisés. Le visage de papa portait les stigmates d'une douleur extrême. Je n'ai montré aucune émotion. Il a baissé la tête.

Les avocats sont là, vêtus de leur cape noire. Le juge porte sa tenue de juge. Et moi, chevalier sur un champ de bataille, j'arbore ma cotte de mailles, mon armure, le traditionnel poncho rouge du Lotus d'or. Je cache soigneusement mon vajra sous le poncho. Inutile d'écouter ce qui se dit. Ma mère m'a demandé de prier et d'expédier sur mon père des bordées d'ondes négatives, afin de l'abattre psychiquement.

Je suis en plein délire. Les yeux fermés, je prie et je chante, en silence. Ma concentration est parfaite... le Seigneur m'apparaît et sa lumière m'inonde. *OM* Seigneur, si vous êtes là, nous allons gagner...

Je ne vois pas mon père, mais je sens qu'il ne me

quitte pas des yeux. Malaise imperceptible... comme si une partie de moi-même était malheureuse, au point d'avoir envie de me lever, de me précipiter dans les bras de papa, pour qu'il me serre fort, et qu'il me réveille enfin. Mais dans mon dédoublement-aveuglement, c'est toujours l'autre moi, la petite fille au service du Seigneur, la marionnette de Dieu, qui l'emporte !

C'est ma mère qui me réveille... Elle m'embrasse : « Flo, tout s'est bien passé. J'ai obtenu une pension alimentaire. Hélas, le juge a accordé à ton père le droit de visite. Tu le verras donc tous les quinze jours. »

Demi-succès pour le Mandarom, même si pour ma mère, l'essentiel était d'obtenir de l'argent...

Sous mon poncho, je sens l'arme cosmique, le vajra, et je le serre encore plus fort. Sur mon visage, aucune émotion. Inébranlable dans mes certitudes...

Et quand mon père tente une approche avant de quitter le palais de justice, je refuse de l'embrasser.

Il repart, complètement détruit, soudain plus petit, vaincu... je n'ai pas un seul regard de compassion pour lui. Quelle fierté pour moi, tout nouveau chevalier, d'être sortie vainqueur d'un des combats essentiels de ma courte vie. Quand le Seigneur saura ça, il me félicitera. C'est pour lui que j'ai ferraillé avec mon père.

Plus tard, je me suis souvent demandé quelle force avait pu changer la douce fillette que j'étais, en instrument de torture. Quel pouvoir m'avait arrachée au monde des Terriens pour me projeter dans celui des élus ?

Ce pouvoir, je vais en découvrir la réalité et le subir des années durant, après le départ de mon père...

Chapitre 3

« Ta sœur porte le mal en elle »

Désormais, Nathalie et moi vivons près de notre mère. Il serait plus juste de dire que je suis près d'elle. Dès le divorce prononcé, ma sœur va engager, avec ma mère, la dernière manche d'un combat de plus en plus violent.

Pour moi, tous les matins se ressemblent. Lever à 4 heures, pour mes premières prières, avant de rejoindre ma mère dans sa chambre, c'est-à-dire dans son temple, entièrement dédié à notre Seigneur Hamsa Manarah. Là, nous poursuivons nos ascèses, jusqu'à l'heure de mon départ pour l'école. Un départ dont je ressens, tous les jours un peu plus, l'inutilité.

Ne serais-je pas mieux là-haut, sur la Montagne sacrée, plutôt que dans cette salle de classe, où je me sens étrangère ? Tout s'est dégradé, ici. Je ne me connais plus une seule amie dans la cour de récréation.

Je suis de plus en plus énigmatique, anormalement fière... et normalement rejetée.

Peu m'importe, en fait. Je pardonne aux incroyantes et continue à prier pour leur salut, appuyée au mur du préau.

Avec ma sœur, nous passons parfois nos vacances chez mon père. Tout ce qui nous est interdit, chez notre mère, est autorisé avec papa. Il ne pose pas de question, comme s'il voulait préserver ce bonheur furtif et fragile. Durant quelques heures, je m'abandonne au péché.

Poulet, charcuterie, poisson... et chaque repas devient une fête. Au retour, c'est bien sûr le jugement divin par la bouche de notre mère :

– Vous avez transgressé les règles... vous êtes souillées et impures...

Nathalie n'entend rien, et moi je prie très fort pour que le Seigneur me pardonne.

Depuis toujours, Nathalie souffre d'une malformation d'un genou, et le diagnostic médical est sans appel : il faut opérer ! Pour ma mère, il n'y a aucun doute :

– Ta sœur porte le mal en elle, me dit-elle, ce sont toutes ses mauvaises actions antérieures qui ressortent... tout ça parce qu'elle ne fait pas ses prières...

Elle dit ça avec une telle conviction que je la crois... ma mère oublie, et moi avec, que la malformation du genou de Nathalie est congénitale !

Avant même le départ de Papa, Nathalie tenait à marquer sa différence. Alors que j'étais heureuse de monter à Castellane, elle traînait les pieds, je priais aux aurores, elle dormait, j'étais persuadée que Bourdin était un saint homme, il la faisait rire. Après le divorce, Nathalie ne rit plus. Elle refuse de suivre ma mère au Mandarom, elle jette chapelet et médaille et va lutter pour sa survie.

J'ai assisté à cette lutte acharnée, sans réagir... D'un côté, ma mère, grâce à laquelle j'ai eu la chance de rencontrer un homme exceptionnel, plus qu'un homme, de l'autre, ma sœur, complice de toujours, qui deviendra ma confidente et un refuge, plus tard. Je n'ai pas eu la force de choisir.

Le seul à avoir vraiment ressenti la douleur de la mort de notre famille, c'est Caramel... l'épagneul breton de mon père. Un formidable chien de chasse et pour moi, un compagnon de jeux affectueux, plein de vie. Il a tout supporté de moi, Caramel. Mes robes et mes chaussons avec lesquels je le déguisais. Les coups de pied des gendarmes quand je jouais, avec lui, à la chasse aux taupes et que je l'incitais à chercher l'introuvable animal. Il grattait tellement la terre que le jardin de la gendarmerie ressemblait à un champ de mines. Plus tard, je sens encore sa langue humide, sur mes bras, sur mes jambes, lorsqu'il fêtait, à sa manière, mes retrouvailles avec papa.

A cause de ses déplacements, mon père n'a pas pu garder Caramel auprès de lui. Quelques mois plus tard, Caramel se laissait mourir...

Désormais, ma seule famille se trouve sur les hauteurs de Castellane. Mes frères et sœurs, couverts de pourpre, seront ma canne blanche !

Quand je ne suis pas parmi les chevaliers, je ne me sens bien que chez moi. Une sorte d'agoraphobie, cultivée au Mandarom... « Attention au monde perverti... » Seule avec ma mère, je passe tout mon temps à prier.

Mes rêves me transportent vers notre Seigneur et Maître, son regard fort semble me protéger. J'ai même la chance de l'entendre dans la nuit. Grâce à ma mère...

Elle m'a donné un magnétophone qui se déclenche à des moments très précis de la nuit, et sans me réveiller, je peux recevoir un enseignement. Dans mon dormiphone, c'est le nom exact, une cassette enregistrée de la voix du Seigneur Hamsa Manarah. On appelle ça des positivations.

« Je suis le Moi Suprême, je suis le Moi Suprême... »

L'écho rend la voix presque irréelle, venue d'ailleurs. Après tout n'est-il pas d'ailleurs ?

Le jour, comme la nuit, je suis près du Maître, je ne demande rien de plus ! Je ferai aussi mon voyage au bout de la nuit, jusqu'à la destruction.

Papa, lui, ne supporte plus l'éloignement de ses filles. Il m'apprend un jour qu'il a demandé sa mutation en Guadeloupe. C'est le seul remède qu'il ait trouvé au déchirement.

Je n'ai plus de père aimant, plus de sœur complice, qu'une mère fanatique. Partout, un mur... sauf là-haut. Quand je ne suis pas au monastère, je fais le voyage intérieur vers notre Seigneur.

En classe, durant les cours, je me concentre sur le visage du professeur et tente une expérience de visualisation. Peu à peu, l'image du Maître du Mandarom apparaît, son visage est tourné vers moi, ses yeux bleus m'observent. Lui seul reste, aujourd'hui. Il est mon Seigneur et Maître, il est mon père !

Je me demande parfois où est l'autre, le vrai père, mais je maîtrise ma douleur.

Pourtant, un jour, en classe, Marcel m'a si bien parlé de son père que, pour la première fois depuis bien longtemps, j'ai écouté quelqu'un qui n'était pas chevalier du Lotus d'or. « Un père... je peux t'en parler, moi, parce que j'en ai un vrai. Quand j'avais six ans, il me mettait dans sa hotte de vigneron, il me grimpait jusqu'à sa vigne, je lui parlais contre sa joue qui était toujours très bien rasée. Mon père me faisait des contes, des chansons, et il riait pour me faire croire qu'il n'avait pas autant de mal qu'il en avait l'air. Je ne peux pas te dire comment il sait sourire quand il me regarde. Mais je n'ai qu'à y penser, à n'importe quel moment du jour et je suis heureux, je me sens accompagné pour toute ma vie. Je lui raconte tout ce que je fais. Il n'en a jamais assez de m'entendre parler.

Des amis se séparent toujours sur un point, je parle des meilleurs ; ils se font des concessions. Mon père m'accepte d'abord comme je suis, et c'est parce que je fais partie de lui-même. »

Quand Marcel se tait, c'est-à-dire quand le professeur de français termine la lecture de ce texte de Marcel Aymé, je suis bouleversée. Ceux, parmi mes camarades, qui me regardent encore, s'en aperçoivent. Alors, je joins mes mains devant mon visage, mais cette fois, pas pour prier, pour me cacher. Je pleure doucement...

« Un grand malheur est arrivé... »

Sur la Montagne sacrée, les chevaliers semblent désemparés. Les moines et moniales les plus proches de notre Seigneur sortent d'une réunion, complètement surexcités.

– Il faut trouver une solution... On ne peut pas rester ainsi... Rien n'est possible sans lui... Qu'allons-nous devenir ?... Il faut la déboucher, afin qu'il revienne...

Je ne comprends rien à ce qu'ils disent. Rien n'est possible sans qui ? Déboucher quoi ?

Ma mère va à la pêche aux informations...

Peu après, elle revient vers moi et me paraît soudain plus vieille.

– Le Seigneur est parti...

La phrase est tombée comme ça, sans avertissement. Je crois vivre encore un de mes cauchemars habituels.

– Il est parti... mais pourquoi, où, dis maman, il peut pas nous laisser seuls...

– Il s'est retiré à Cannes, dans son appartement, pour écrire un nouveau livre, et a dit qu'il ne reviendrait pas avant que nous ne l'ayons débouchée...

– Déboucher quoi, maman ?

– Une fosse septique, celle du dortoir des femmes... le Seigneur a dit qu'elle était pleine des rancœurs accumulées par les femmes à son égard, et qu'il se sentait ainsi rejeté.

– Vite, maman, il faut la déboucher, il faut absolument qu'il revienne parmi nous...

– Il n'y a pas beaucoup de candidats... certains disent qu'il n'y a qu'un enfant qui puisse entrer dans la fosse...

J'ai compris. J'irai.

Et j'y suis allée. Pendant une journée entière, malgré la chaleur et l'odeur suffocante, j'ai pataugé dans les excréments et débarrassé la fosse septique des mauvaises pensées qui l'avaient envahie. Avec l'aide d'un chevalier qui manœuvrait une petite pelle automatique, j'ai ainsi sauvé le Mandarom.

J'étais fière, que n'aurais-je fait pour mon Maître... Pourtant, curieusement, personne ne m'a approchée pour venir me féliciter. Ma mère, elle-même, a refusé que j'entre dans la maison... les esprits mauvais avaient laissé quelques traces sur moi... sans doute !

Pour chaque épreuve, je me surpasse...

Toute la force que veut bien m'accorder mon corps d'enfant, je l'ai mise au service du Mandarom et de notre Maître.

Quand le monastère n'est qu'un chantier permanent, et que tous les chevaliers, à l'instar des esclaves de l'Egypte ancienne, travaillent jour et nuit à l'édification des temples, je suis là, avec les autres enfants.

Ma quête d'absolu est tellement obsédante, mon désir de bien faire si aiguisé, mon passé si court, si habilement effacé par les chevaliers du Lotus d'or, que je donne tout à cet homme unique, que certains au Mandarom commencent à comparer au Christ, cet homme qui répond à tout, parce qu'il sait tout de la vie terrestre, de celle qui l'a précédée, et de l'avenir. « Confie-toi à lui, me suis-je souvent dit, et il te protégera, si tu en es digne... »

Aussi, c'est sans crainte aucune que je me suis retrouvée perchée sur un échafaudage, à cinq mètres au-dessus du sol, durant des travaux.

Le rituel de la veille a été harassant. A la fin du rituel, ne sachant plus trop où j'étais, ni ce que j'avais fait, je suis repartie, en continuant de planer, vers le dortoir des filles. Je n'ai eu que la force d'atterrir sur ma couche, le cri des chevaliers délirants installé dans la tête.

La nuit a été courte. Dès le lever du soleil, je suis sur le chantier.

La fatigue se lit sur tous les visages, mais il faut passer outre, pour la mission.

Les seaux à transporter me semblent plus lourds, la lumière plus violente. Je marche péniblement et soudain, je trébuche, lâche les seaux, et tombe dans le vide.

J'ai certes sacrifié un peu de béton, mais ça me permet de chuter sans trop de mal, cinq mètres plus bas.

Quelques chevaliers se penchent sur moi, m'aident à me relever, constatent que j'ai eu peur et que seul mon orgueil semble atteint. Négligeant les heures accumulées à prier, sans manger ni boire, oubliant mon âge, l'un d'eux s'approche de moi : « Tu vois, tu as encore une faille, tu n'es pas encore prête dans ton cœur et dans ton esprit à recevoir l'intégralité du message d'amour de notre Maître... »

Au Mandarom, on avait décidément réponse à tout !

Dans un de ses livres, *Doctrine de l'Aumisme*, le Seigneur conseille les parents : « Aidez vos enfants dans l'art de mettre leurs facultés en action, à développer la confiance en eux-mêmes... donnez à vos enfants une alimentation saine et équilibrée, exigez une durée normale de sommeil... évitez qu'ils ne se surmènent... développez leur esprit d'initiative... »

Le génie de Gilbert Bourdin c'est d'avoir fait croire à ses fidèles qu'il mettait en application ce qu'il disait ou écrivait. Les écrits ont servi à abuser le lecteur. La vie au Mandarom, celle réservée aux enfants en particulier, n'était que pression morale et affective, sommeil et nourriture réduits, conditionnement par manipulation. Exactement le contraire de ce que prônait le Seigneur Hamsa Manarah quand il s'adressait au monde des hommes.

Parmi les épreuves initiatiques que j'ai subies au Mandarom, la mort de ma mère reste la plus douloureuse.

Deux jours de rituel, deux nuits d'agonie...

Je n'ai rien oublié de cette peur panique qui ne m'a pas quittée durant ces quarante-huit heures où nous avons célébré Mara, le Dieu de la mort. Les soldats de Mara ont d'abord investi les cellules et dortoirs des moniales. Vision d'horreur... Il fait nuit noire... Des squelettes courant dans tous les sens, se dirigent vers le lit des femmes prêtes au sacrifice. Ces femmes se lèvent et doivent suivre les anges de la mort. Ma mère est traînée avec quelques autres. J'ai tout vu... sous mes draps, je suis terrorisée, je tremble de tous mes membres.

Après le passage des squelettes, le silence... puis soudain, ils reviennent, et d'un geste, intiment l'ordre à tous les chevaliers de se lever à leur tour.

Dehors, les anges de Mara alignent les futurs sacrifiés. Avec leurs torches, des chevaliers en cape blanche, apportent la seule lumière à cette nuit d'encre. Plus loin sur le parcours, d'autres arborent des têtes de mort. On a bandé les yeux à celles et ceux qui vont au sacrifice. La procession s'ébranle, rythmée par des chants lugubres, en latin. Des chants de mort.

Nous sommes tous obligés d'accompagner nos frères

et sœurs pour leur dernier voyage. Sur le chemin qui mène au temple, des femmes, des pleureuses, tentent, par leurs cris, d'arrêter le cours inexorable du temps. En vain. Le défilé noir et blanc continue.

Je marche avec les autres, la peur m'accompagne toujours... Soudain, je sens qu'une main m'agrippe le bras... je tourne la tête, n'osant plus bouger...

C'est notre Seigneur... Tout est bien... s'il est là, il ne peut rien m'arriver... C'est une bénédiction. Mais cette nuit-là, notre Maître semble possédé, comme les autres. Les yeux exorbités, il ne m'a pas lâché le bras et hurle :

– Va, cours vers ta mère, et dis-lui que tu ne veux pas qu'elle meure...

Sans réfléchir, je me suis précipitée, et en tirant sur la robe de ma mère j'ai crié :

– Maman, maman, je ne veux pas que tu meures, reste avec moi... Maman, il ne faut pas mourir...

Tout près, subissant le même délire, le fils de Svarga, un enfant qui lui, vit en permanence au Mandarom, tente aussi d'arracher sa mère aux griffes de la mort. Mais nos cris sont rapidement couverts par un bruit infernal... Un ouragan sur la Montagne sacrée... en fait, des chevaliers qui font vibrer une énorme plaque d'acier pour simuler l'apocalypse.

Le cortège a enfin atteint le temple. Au milieu de la salle, éclairés par quelques flambeaux, huit cercueils sont alignés. Un trou, en forme d'ossement, a été percé sur les couvercles des cercueils de bois. Les « squelettes » de Mara disposent leurs victimes chacune devant sa boîte, avant d'enlever les bandeaux qu'ils avaient sur les yeux.

Les chants redoublent d'intensité. Les couvercles des cercueils sont retirés, la mort ouvre ses bras. Un par un, les « condamnés » s'allongent dans les cercueils, puis on referme, malgré les lamentations des pleureuses. Je suis pétrifiée devant l'image de cette planche de bois qui, désormais, me cache le corps de ma mère. Je ne sais plus si mes larmes sont feintes.

Puis le Seigneur prend la parole : « Pour réussir sa renaissance, l'homme doit savoir affronter la mort... cette mort intérieure, qui va abattre l'ego, purifier l'âme, montrer le chemin des humbles... »

Ma mère ressortira de son cercueil, le lendemain, sans doute un peu plus folle qu'avant. Moi, je garderai toute ma vie le souvenir de ce rituel morbide, et dans mes rêves de petite fille, longtemps, très longtemps, le couvercle du cercueil de ma mère est scellé, à jamais... la mort, la vraie, l'avait gardée.

De cette nuit, va rester encore le visage de notre Seigneur. Un visage d'illuminé qui ne ressemblait en rien à l'impression de sérénité et de sagesse qui émanait de lui, jusque-là.

Pour moi, il n'y a aucun doute. Si Hamsa Manarah a ressenti une telle émotion, s'il a tenu à nous la faire partager, c'est que c'est bon pour nous. Le Seigneur ne peut pas avoir inventé ça, pas lui.

D'ailleurs, la ferveur des hommes, l'idolâtrie des femmes, est toujours plus forte. Aucune défection dans la famille des élus. Aucune hésitation lorsqu'il s'agit de suivre notre Seigneur, pour protéger la Montagne sacrée.

Les animaux, eux-mêmes, seront sacrifiés sur l'autel

de notre sécurité. Chiens et chats ont longtemps été les compagnons de jeu des enfants du Mandarom. Ils faisaient partie du décor, de la communauté de vie. Pourtant, étrangement, ils se sont faits de plus en plus rares. Encore plus inexplicable, personne n'évoquait ces disparitions.

La loi de la nature, me disais-je... Jusqu'au jour où, participant à la construction d'une statue, j'ai aperçu Scilla, un chevalier très proche de notre Seigneur, tenant un chat entre ses mains, pénétrer sur le chantier, avant de ressortir, quelques minutes plus tard, sans le chat. Je n'ai eu aucune réaction, à ce moment-là, ne sachant pas ce qui s'était passé. J'ai appris, par la suite, que l'animal avait été enterré vivant, au pied de la statue, afin que son âme, ainsi investie, participe à notre protection.

Comment oublier Lotus, un adorable petit chien, qui gambadait à nos côtés dans nos moindres déplacements dans l'ashram. Un jour, Lotus a disparu, lui aussi. Tous les animaux, qu'ils soient à plumes ou à poils, vont mourir sous la main des « sorciers » du Mandarom. Certains d'entre eux vont crever à petit feu, enfermés dans des cages, sans nourriture. J'entends encore les plaintes de ceux qui sentaient la mort venir... miaulements et aboiements de plus en plus faibles. Et comme il n'y avait pas de limite à la cruauté, il est arrivé que certains animaux soient nourris après leur mort.

Des offrandes étaient déposées tous les jours à l'endroit où l'animal était enterré, et quotidiennement, un chevalier devait venir prier afin que l'âme de l'entité sacrifiée soit satisfaite et continue de protéger le Seigneur et ses disciples. Ceux qui ont vu, ou qui ont su, le sort réservé aux animaux, n'ont pas bougé. Récemment, j'ai retrouvé des notes prises au cours de séances d'enseignement, au Mandarom, concernant les animaux magiques... on disait ça à propos du chat : « On donne sa chair à manger aux ensorcelés, pour les délivrer de leurs tourments... on écrit avec son sang des charmes infaillibles. »

Parmi les chevaliers-sorciers, j'ai découvert un jour le petit Subala, un gosse de huit ans à peine. C'est incroyable ! Et pourtant, il n'y a pas de doute, c'est bien l'enfant qui mène le cortège des adeptes de la magie noire, qui se déplacent vers les statues au pied desquelles ont été sacrifiés des animaux. Je vois encore l'enfant asperger « l'entité » avec une potion magique, ou avec de l'alcool, les autres se tenant en retrait.

Plus tard, le petit Subala nous a été présenté comme la réincarnation de notre Seigneur Hamsa Manarah, celui qui pourrait poursuivre l'œuvre de sauvetage de la terre. L'enfant-sorcier a été programmé dès son enfance. Il sera moine au Mandarom, sans autre issue possible.

C'était complètement fou, personne n'a réagi !

Toutes ces pratiques de magie noire et de sorcellerie, notre Seigneur les avait ramenées d'Afrique. Au cours de son séjour, au Togo notamment, il avait rencontré de nombreux sorciers, qui, impressionnés par les immenses connaissances du Maître de Castellane, lui avaient transmis, à leur tour, quelques secrets inaccessibles pour nous, simples sujets. Nous devions suivre, sans nous poser de questions. Celui qui s'en posait était « calqué », c'est-à-dire possédé du démon. Sous peine de rejet, il devait donc se consacrer à la prière, toujours plus, et oublier tout le reste.

La culpabilité était une compagne omniprésente des chevaliers du Lotus d'or. Chez moi, elle se doublait d'une peur panique. Le jour, à la vue de certains rituels inconnus, hommes et femmes devenant fous, et en vivant des cauchemars horribles, la nuit.

Aujourd'hui, la cérémonie a lieu dans le grand temple. Rassemblement multicolore... chevaliers, moines et moniales, selon leur grade, sont parfaitement alignés, en position de yogi.

Les « Presads » c'est-à-dire les novices, les « Sadhaks », chevaliers en formation, et tout près du trône, les « Vedhyas », moines et nonnes qui ont choisi la voie exclusivement religieuse. Aucun mouvement, aucun souffle, les capes blanches, jaunes et pourpres ne bougent pas.

Nous avons tous préparé des talismans protecteurs, émetteurs de fluides bénéfiques, que nous verserons aux offrandes prévues pour le Seigneur Hamsa Manarah.

Certaines femmes, les yeux fermés, sont déjà à la recherche de la concentration, de l'union avec le divin. D'autres allument les bâtons d'encens, dont les nuages parfumés vont nous envelopper, des heures durant. Les chevaliers, chargés de la lecture des textes sacrés et des mantras du jour, se préparent. La musique, au départ lente et douce, devient plus vibrante, plus violente, plus envahissante. Maintenant, clochettes, tambours et gongs entrent en action, simultanément.

Quelques regards convergent vers le fond de la salle, le Seigneur vient de sortir de sa maison Lotus, et s'apprête à faire son entrée dans le temple. Les yeux des chevaliers, hommes ou femmes, cherchent, espèrent, supplient son regard. Il passe, dédaigneux. « Chaque chose, chaque être, à sa place... » Seul, un garçonnet blond, de six ans à peine, a droit à une imposition de main... « *OM*, Seigneur... »

Le Seigneur marche lentement, coiffé de la mitre cosmique, portant une arme magique, une hache à double lame ornée de têtes de chiens, flanqué de sa garde prétorienne, à la tête de laquelle on retrouve immanquablement les frères Tizon ; Dipta, le grand prêtre, et Mocita, qui a grandi avec moi au Mandarom, et dont on dit qu'il aurait des pouvoirs de voyance.

Placée à quelques rangs devant moi, ma mère est déjà en extase.

Le Seigneur reste quelques instants debout devant son trône. A ses pieds, un jeune chevalier tient un vajra, arme cosmique... son corps est immobile. Il ressemble à une image pieuse. Au côté du chevalier, attentive au moindre geste du Maître, une moniale reste à genoux, tenant dans ses mains une Thermos. Le Seigneur aime son thé très chaud. Il est le seul à boire et à satisfaire quelques besoins naturels pendant des cérémonies qui durent parfois des journées entières.

Quelquefois, nous le voyons se lever alors que nos chants et le bruit infernal qui les accompagne, redoublent d'intensité. Il disparaît quelques minutes derrière les rideaux qui masquent le fond du temple. Là, trois ou quatre moniales, à son service dans le Lotus, lui présentent son panier repas... car non seulement le Seigneur boit, mais il mange aussi. Ainsi restauré, il peut rejoindre la cohorte de ses chevaliers, déshydratés, épuisés et naïfs, et participer, à leurs côtés, au combat perpétuel contre les forces des ténèbres qui menacent notre mission.

Les adeptes du Mandarom se sont souvent demandé où notre Seigneur trouvait l'énergie qui leur faisait tant défaut pendant les rituels. « Le privilège des grands sages, des êtres supérieurs », se disaient-ils. En fait, l'être supérieur se nourrissait, en cachette, et les chevaliers l'ignoraient. Une tromperie de plus.

Revenu sur son trône, notre Maître fait un geste, la musique cesse, il va prendre la parole.

– Celui qui a compris que toute chose est périssable, ne craint plus la douleur... celui qui a renoncé à tout bien, éloigné les tentations, renoncé aux désirs, est le plus grand des hommes... Celui qui fait le mal pleure dans ce monde et pleurera dans l'autre... Ainsi parlait le grand Bouddha.

Dans le temple, pas un mouvement, pas un souffle quand la voix du Maître monte. Dipta saisit le grand livre des intentions et des prières.

– En ce jour de la fête de Bouddha, ayons une pensée pour ceux qui ont quitté leur véhicule de chair, que leur réincarnation prochaine les mène sur le chemin du divin...

Et les psalmodies vont ainsi succéder aux chants, entrecoupées du son *OM*. Je me sens très vite inondée de bonheur. Bonheur d'être là, parmi les élus, si proche de notre Seigneur, bonheur de partager la prière avec ceux que j'aime. Furtivement, j'ai une pensée pour celles et ceux qui ne connaissent pas un tel bien-être. Mais très vite, je repars pour mon voyage divin. Comme nous l'a demandé le Maître, j'entame mes visualisations : une concentration extrême avant de voir en moi de la lumière, au niveau du cœur, puis de la tête. L'impression est étrange et je n'ai d'ailleurs jamais cherché à l'expliquer : je ne touche plus terre. Je flotte dans un air parfumé, ma tête dodeline, de droite à gauche, la mécanique du mantra, répété des centaines de fois, fait que je n'entends plus la musique des mots ou des instruments. Tous mes repères de Terrienne se sont évanouis. C'est fabuleux ! J'ai réussi le mariage de l'Amour et de la Connaissance.

Soudain, un cri : « Je sens que nous sommes attaqués par une entité démoniaque qui vient d'investir une de nos sœurs... » C'est Mocita, le voyant qui vient de rompre le charme du rituel. Sa voix est bizarre, rauque...

La panique se lit sur quelques visages, dès l'entrée du gardien du temple... un chevalier, armé d'une fine baguette en bambou, qui se frayant un passage dans l'alignement, se rue sur une femme. La malheureuse ressemble plus à un pantin désarticulé qu'à une nonne en prière. Son dos est courbé, sa tête penche tellement vers l'avant que son menton semble reposer sur sa poitrine. Je la regarde plus attentivement, et en quelques secondes, je comprends : elle dort !

Sacrilège ! Elle va goûter de la baguette en bambou.

Un coup, un seul, assené par le gardien du temple, suffit à la réveiller.

Elle sursaute... apeurée, regarde autour d'elle ces centaines d'yeux inquisiteurs, et prend conscience de sa faute. Quand elle penche à nouveau sa tête en avant, c'est pour se cacher... elle pleure.

Cette sœur vient d'être la victime de ce que nous redoutons tous, l'épuisement. Epuisement, marque du faible, indigne de recevoir l'enseignement du Seigneur. J'ai toujours été angoissée à l'idée de m'endormir un jour, en pleine cérémonie. Combattre le sommeil est devenu une obsession, une autre façon de me surpasser, de ne pas faillir à la mission. Quelques semaines plus tard, pourtant, j'ai subi, moi aussi, les assauts du gardien du temple, et senti sur mon dos la piqûre du coup de bambou. Je ne dis rien, estimant qu'un enfant doit être remis dans le droit chemin, *a fortiori* lorsqu'il s'agit d'un enfant supérieur... comme moi.

Ni les chevaliers ni l'enfant que je suis, n'osent imaginer que ce sommeil réduit obligatoire est en réalité un des éléments d'une stratégie classique d'emprise d'un gourou sur ces adeptes. Toute lucidité disparue, nous sommes prêts à suivre notre Seigneur, partout.

Le Seigneur n'a rien dit, observant son peuple en transe. Pour lui, la révélation de l'existence d'une possédée de plus, parmi ses disciples, n'est pas étonnante. Ne nous a-t-il pas fréquemment rappelé la persécution permanente qu'il a subie depuis sa naissance, les combats qu'il a menés contre les ennemis du monde visible ou invisible.

Au-delà de la jouissance que lui procure la vision de son peuple en folie, et le pouvoir qu'il exerce sur lui, ces rituels représentent, surtout, pour Gilbert Bourdin, le moyen de justifier les sanctions infligées à certains chevaliers récalcitrants ou à certaines femmes « ingrates », qui seront bannis du Mandarom. « L'insoumission est la marque du démon. » Je l'ai cru !

Je regarde, autour de moi, ces femmes et ces hommes agités de convulsions, les yeux en perdition, la tête, dirigée par l'orchestre inhumain des clochettes et des tambours, qui n'obéit plus. Je regarde, j'ai treize ans et j'ai peur. Puis le doute disparaît, car je sais que ces femmes et ces hommes sont des étudiants, des enseignants, des chercheurs. Ils ne vivraient pas ça s'il ne s'agissait pas de la vraie vie.

Alors, je vais leur prouver encore qu'un enfant peut faire partie des leurs. Pour mon karma-yoga, travail quotidien au service de la communauté, j'ai commencé par l'artisanat : fabrication de chapelets, décoration de statuettes, création d'armes cosmiques, mise en bouteilles de parfums. J'ai vite compris que ce type d'activité n'apporterait rien à mon évolution spirituelle, c'est-à-dire ne me vaudrait pas les grâces du Seigneur.

Mon courage et ma résistance à la douleur seront heureusement remarqués lors des constructions des édifices symboliques du Mandarom. Mais pour me rapprocher toujours plus du Seigneur, je dois travailler aux cuisines. J'ai gagné. Désormais, je passerai mes vacances et mes fins de semaine devant les fourneaux sacrés des chevaliers du Lotus d'or. L'épreuve sera terrible !

Je vais découvrir l'école de l'humiliation.

Trois ou quatre sœurs, pas davantage, sont affectées aux cuisines. Lorsque je rejoins l'équipe, l'ambiance me semble étrange, mystérieuse, comme si ces femmes partageaient un secret inavouable. Au début, pourtant, rien de surprenant. Avant de pénétrer dans le lieu, nous procédons à sa purification, mantras et encens protégeront la cuisine et les cuisinières.

Je me souviens de la fierté qui était la mienne à mon entrée dans cette pièce bleu et blanc. C'était juste après nos prières du matin.

– Il faut préparer le petit déjeuner, me dit la sœur responsable, Florence, occupe-toi du lait... la casserole est là...

Là, c'est à deux mètres de hauteur, sur une étagère. La casserole est énorme. Hissée sur un tabouret, je réussis à l'attraper. Je la traîne jusqu'à l'évier. Là encore, problème... Le robinet d'eau est trop haut... vite, mon tabouret... la casserole est remplie, mais comment la descendre sans être entraînée par le poids de l'engin? Thérèse, une autre fille à peine plus âgée que moi, vient m'aider.

– Oh! hisse... ça y est... ouf...

La casserole est installée sur un des quatre énormes brûleurs... maintenant, le lait en poudre et on remue. En quelques minutes, le lait est bouillant, et l'exercice de déplacement de la marmite devient dangereux, mais je ne dois pas me plaindre. C'est un grand honneur que de travailler aux cuisines. Y souffrir fait aussi partie de l'initiation.

L'économe de l'ashram nous apporte la livraison quotidienne du boulanger de Castellane, un ami des chevaliers du Lotus d'or, paraît-il. Une odeur merveilleuse de pain frais envahit la cuisine.

Voulant faire preuve d'initiative, je m'apprête à le couper avant de le répartir dans des corbeilles, quand la sœur responsable hurle :

– Ne touche pas à ce pain, tu n'as pas le droit... les consignes de notre Seigneur sont très strictes... nous devons leur servir le pain qui a deux ou trois jours déjà... ainsi les chevaliers en mangent moins et nous économisons... le pain rassis est dans ce placard, attrape-le.

J'ouvre le placard et cette fois, c'est moi qui hurle... Trois énormes loirs viennent de sortir précipitamment du garde-manger... le pain « vieux » destiné aux chevaliers est sérieusement entamé.

– C'est rien, me dit la sœur... Tu ne sers pas les parties rongées par les loirs et personne n'y verra rien... et puis, dépêche-toi, il y a de l'épluchage à faire...

La chaleur commence à devenir insupportable dans cette cuisine. Les quatre brûleurs à gaz sont allumés... Aujourd'hui, résidents et chevaliers externes réunis, il y a une centaine de bouches à nourrir. Au menu, ce sera du riz, accompagné de légumes.

Je suis épuisée, je me tais ! « L'attitude, Florence, l'attitude. On supporte l'épreuve dès l'instant qu'on est acceptée dans ce lieu sacré qu'est la cuisine. » Mon double est là, pour me guider... *OM*, Seigneur.

Si un doute m'a effleurée, je me tourne vers le buffet où un minitemple, orné de la photo de notre Seigneur, a été érigé, et je prie quelques minutes, avant de poursuivre ma tâche.

Après le repas, les chevaliers ayant quitté le réfectoire, c'est la plonge.

Je passe des heures à gratter les énormes marmites et à récupérer ce qui peut l'être.

– Ce soir, on fera une salade avec le riz qui reste ! a dit la sœur.

Le soir, sous l'effet de la chaleur, le riz a fermenté. L'odeur est suffocante.

– Je jette le riz, c'est immangeable...

– Tu n'y penses pas, me dit la responsable, on va faire une sauce un peu plus relevée pour masquer le goût de pourriture, et ça ira très bien...

C'est ce que nous avons fait. Le riz avarié est d'abord servi aux enfants puis aux chevaliers. Quand certains d'entre eux sont malades, quelques jours plus tard, le diagnostic de notre Seigneur tombe, indiscutable : « Ces chevaliers sont tout simplement calqués, possédés, les forces du mal les ont envahis et les empêchent de travailler pour notre mission et pour leur Seigneur... »

Quelquefois, il arrive que l'indigestion soit indiscutable. Dans ce cas, les cuisinières sont mises en accusation : « Leur double, démoniaque, a tenté d'affaiblir nos chevaliers, au moment où nous avons besoin de toutes les énergies pour combattre les ennemis du Mandarom. » Et pendant le rituel suivant, désignées par le Seigneur, les servantes en rébellion sont dénoncées.

Chapitre 4

Choisissez de vous taire

A l'issue des premières ascèses du matin nous avons préparé le petit déjeuner.

– C'est simple, me dit la sœur, tu prends le paquet de céréales qui est là, un peu de lait, et tu mélanges dans ce grand récipient. C'est très énergétique, et parfait pour les travaux de constructions engagés par notre Maître.

Je m'exécute. Juchée sur un tabouret, en équilibre, je tente de modifier la consistance désespérément gluante et compacte de la bouillie, née du mélange lait-céréales, en remuant avec une longue cuillère de bois le contenu d'une marmite pleine. Le résultat est catastrophique, cette bouillie doit être infâme. La confirmation est venue, quelques minutes plus tard : personne n'a touché au petit déjeuner. Le soir, au cours d'un enseignement, le Seigneur attaque :

– J'apprécie le niveau de dépassement de soi que vous

avez atteint. A notre vie, faite de sacrifice, vous avez rajouté une épreuve de plus... Ne pas prendre de petit déjeuner, le matin. Donc, à partir d'aujourd'hui, il n'y aura plus de petit déjeuner.

Pendant des années, j'ai vu des chevaliers, complètement affamés, dévorer en cachette le morceau de pain dur qu'ils avaient pu dérober. Les petits déjeuners réapparaîtront trois ans plus tard, à la suite de la plainte des externes, payant leur séjour, et donc, leurs repas.

Donner, reprendre, sermonner puis rassurer, condamner puis pardonner, briser pour reconstruire, humilier puis relever, voilà le travail quotidien de Gilbert Bourdin dans l'entreprise de destruction de ses fidèles. Notre soumission aveugle n'avait d'égale que son goût pervers du pouvoir, et nous nous taisions.

Les épreuves sont permanentes. A ceux qui désirent progresser dans la voie de la purification – autrement dit, ceux qui veulent être considérés – le Seigneur va conseiller le jeûne, une fois par semaine. Ce sera le jeudi. Les plus fanatiques, dont je fais partie, s'engagent.

Tous les jeudis, la faim ne me quitte pas... durant les ascèses, sur les chantiers, à la cuisine, je lutte. Mon corps appelle et me fait souffrir, des mantras de purification desserrent l'étreinte qui me noue le ventre... et j'avance.

Jeudi, jour des zombis ! Mais je ne m'inquiète pas. Ces jours-là, je ne croise que de pitoyables chevaliers à mon image, d'autres zombis. Je les vois, je me vois, je n'ai d'autre référence que ce miroir. Perdue dans l'univers des automates, je finis par me persuader que l'autre monde, celui des vivants, pour moi celui des enfants, court à la catastrophe. Notre Seigneur ne le dit-il pas, tous les jours ?

Me dépasser, montrer à notre Maître que je suis digne de rester près de lui, être la première dans le béton ou à la cuisine, suivre sans sourciller les rituels sans fin, mieux qu'obéir, devancer les ordres, prier, visualiser puis porter en moi l'image de notre Seigneur Hamsa Manarah, voilà ma vie !

Dans le grand temple, le Maître prend la parole :

– Dans votre travail spriritual, n'oubliez jamais les vertus immenses du silence. C'est dans le silence que vous entrerez le plus aisément en contact avec votre Seigneur. Ce silence va décupler votre force de concentration. Cet isolement favorisera vos visualisations, l'image sera plus nette au fond de vous. Un son *OM* chanté mentalement va délivrer votre âme et vous guérir. L'esprit aime le silence ! Faites le vœu de silence... un jour par semaine, choisissez de vous taire dans tout ce que vous ferez...

Je revois encore cette image hallucinante de chevaliers du Lotus d'or, déambulant dans l'ashram, le chapelet en main, une pancarte accrochée autour du cou, et sur cette pancarte, écrit en grosses lettres le mot SILENCE. L'épreuve est d'autant plus difficile que tout le monde ne fait pas silence le même jour. Ainsi lorsqu'un chevalier en aborde un autre, lui parle, il arrive que son interlocuteur lui réponde d'un geste, muet, en montrant sa pancarte.

Toute petite, je suis volontaire pour me taire. Mon seul handicap, c'est la taille. Quand je marche, mon ardoise en bois vient taper sur mes genoux, les coups répétés me font mal, mais je souffre... en silence. Et je prie, je prie, je prie...

Pour le Maître des lieux, ces jours sans parole sont, bien sûr, une garantie : pas de revendication, personne ne se plaint. La requête est remise au lendemain... et demain, tout peut être oublié. Il impose ce silence à une certaine catégorie de son personnel. Les nonnes chargées du secrétariat, par exemple, qui, parfois, osent rire...

« Pas de copinage, ce n'est pas une attitude digne d'un chevalier. Faites silence, ça vaudra mieux... »

De la complicité peut naître le réveil collectif et le complot. Bourdin, le paranoïaque, est vigilant.

A la cuisine, nous dressons tous les jours un tableau de jeûne. Ainsi, nous ne préparons jamais un repas de trop. Le Seigneur consulte parfois cette liste afin d'évaluer le travail spirituel de ses fidèles. Et pour cela, il se déplace jusqu'à la cuisine. C'est toujours un honneur immense que d'accueillir notre Maître. « *OM*, Seigneur... » Les unes après les autres, les femmes de la cuisine rendent hommage.

Le Seigneur picore, plaisante, badine.

Je me souviens que nous étions soudain plus gaies en sa présence. Nous considérions ces visites comme des marques d'intérêt d'un Maître pour ses disciples, alors qu'en réalité, il se comportait comme un éleveur jaugeant son cheptel.

Il s'approche de ses servantes, frôle celle-ci, caresse les cheveux de celle-là, effleure la fesse d'une autre, d'une main furtive il soupèse le sein d'une quatrième... et déclenche chez elle un rire idiot... « Seigneur, l'autre va être jaloux »... et l'autre sein sera satisfait. Assistant à ce spectacle, la première fois, je suis stupéfaite. Comment notre Seigneur, ayant atteint une telle sagesse, une si grande maîtrise, peut-il se laisser aller à de tels gestes ?

Une sœur va m'expliquer :

– Mais ma pauvre enfant, tu ne comprends pas que notre Seigneur veut rester près de ses disciples et ces gestes sont simplement des signes de son immense générosité à notre égard.

Un jour, alors que je surveille la cuisson d'un plat, le maître généreux s'approche de moi. Je lui tourne le dos et ne le vois pas s'avancer. Je sens simplement sa main passer sur mon ventre et à travers mon pantalon, me pincer le sexe. Avant que je me rende compte de ce qui m'arrive, le Seigneur est reparti. Ma seule réaction sera d'étouffer un cri, mélange de douleur et de surprise, de lâcher mon couteau de cuisine et de rester plantée devant ma marmite, inerte et soudain très lasse. Jusque-là, je n'avais été que le témoin de ces attouchements « d'inspiration divine », commis sur des adultes. Aujourd'hui, il s'en prend à moi. J'ai treize ans. Je ne dirai rien à ma mère puisque c'est la règle. D'ailleurs, m'aurait-elle entendue ?

Aurait-elle compris que ce jour-là, la « mort » de son enfant était programmée ?

Nous avons atteint un tel niveau de soumission-vénération aveugle que le Maître du Mandarom peut désormais nous humilier, nous écraser, à sa guise. Parmi les outils à sa disposition, il y a la réunion hebdomadaire des résidents. Réservée aux moines et moniales vivant en permanence au Mandarom, cette assemblée est présidée par le Seigneur lui-même. A l'origine, ces séances devaient permettre de régler les problèmes quotidiens de l'ashram, intendance, travaux, finances. Mais au fil du temps, c'est un tribunal que notre Seigneur dirige.

Bien qu'externes, ma mère et moi faisons partie des meubles, et nous avons obtenu une dérogation pour assister à ces réunions. Je suis le seul enfant toléré dans la salle du réfectoire, où une quarantaine de chevaliers entourent notre Maître.

L'audience de ce tribunal interne débute invariablement par un enseignement. Le Seigneur rappelant les règles de vie essentielles d'un chevalier du Lotus d'or : « La bonne attitude du disciple, par rapport au Maître, reste la dévotion, le service, le sacrifice de soi, et je note tous les jours des manquements à ces règles... »

Et le grand déballage peut commencer. Une des spécialités de la maison Mandarom est la délation ! Alors, des chevaliers vont balancer leurs petits camarades qui n'ont pas la « bonne attitude ». Celui-ci traînant les pieds durant les travaux de construction, celle-là arrivant systématiquement en retard aux rituels, ou cet autre se disant sans cesse fatigué.

Le Seigneur écoute, hoche la tête, lève les yeux au ciel, affichant un air abattu. « Comment ces ingrats peuvent-ils se conduire ainsi ? » pense-t-il. Mais il ne se contente pas de réagir en silence, il se doit d'avoir le dernier mot, et quand il explose, le masque tombe.

– Seigneur, je ne comprends pas ce qui se passe... (Une sœur, bravant la colère prévisible du Seigneur, ose l'interpeller.) Lorsque je me suis engagée à vivre ici en permanence, je pensais connaître la sérénité, prier pour la paix, entendre votre message d'amour, et m'épanouir ainsi dans l'harmonie. C'est ce qu'on m'avait promis... Au lieu de cela, on ne parle que de combats contre des forces de l'ombre...

Le Seigneur l'arrête net :

– Ma fille, si nous nous battons contre ces forces maléfiques, c'est parce qu'elles sont les ennemies de notre mission, elles sont mes ennemies, elles veulent m'abattre. Si tu as ces doutes aujourd'hui, c'est parce que tu es en remontée... ce travail sur toi que tu fais tous les jours, implique ces périodes de réflexion... mais si tu doutes de moi, tu es perdue...

– Seigneur, nous sommes censés partager cette même foi, ce même amour pour l'autre et tous les jours, ce ne sont que conflits entre chevaliers, tous les prétextes sont bons pour se déchirer...

– C'est faux, un parcours initiatique n'est pas un chemin facile...

– Mais pourquoi tant de souffrances?

– Parce que tu es incurable... ton travail de purification est bâclé...

– Seigneur, je suis très assidue, je prie, je suis à l'écoute des autres, mais je ne suis pas heureuse...

– C'est le démon qui est en toi! La voix du Seigneur a claqué, comme un coup de fouet.

La sœur s'est affaissée. Les chevaliers, présents autour de la table, baissent la tête. Leur lâcheté n'a d'égale que la colère du Seigneur. Notre Maître fixe la sœur rebelle de ses yeux bleus, et ce regard est un poignard.

La sœur osera-t-elle relever le défi ? Hamsa Manarah attend. On dirait qu'il prend du plaisir durant ces interminables secondes de silence.

Soudain, un sanglot...

– Seigneur, je vous en implore, pardonnez-moi, je vous ai manqué de respect... je sais que je suis impure... je resterai votre servante dévouée, si vous le voulez...

Le Maître n'a pas un regard pour son disciple. Il a gagné encore une fois. L'adversaire du jour n'était pas de taille, même s'il a implicitement dénoncé la stratégie de division élaborée par Gilbert Bourdin, cette division qui facilite tant le règne.

Et pour confirmer sa victoire aux yeux de l'ensemble de la communauté, il va humilier la sœur rebelle devant l'ensemble de la communauté, pour l'exemple, pour dissuader les éventuels réfractaires. Elle sera dégradée, et n'aura plus le droit de porter sa tenue initiatique lors des rituels. Mise en quarantaine, brisée, cette sœur se taira, à jamais.

Comme se taira également cette moniale qui perturbe le rituel par ses éternuements. D'un geste de la main, le Seigneur ordonne aux « musiciens » de faire silence.

– On m'a dit que tu étais allergique aux graminées, ma fille. En fait, l'explication n'est pas là... Tu es en réaction contre moi, c'est une façon, pour toi, de m'atteindre... Tu es possédée... impure, et tu ne peux pas le cacher... ton Seigneur voit tout, sait tout, ne l'oublie jamais...

Combien de fois ai-je caché mes rhumes, mes maux de tête, mes vertiges, mes souffrances, persuadée que mon corps était en conflit avec mon Seigneur et Maître, me sentant coupable d'irrespect ? J'en oubliais le froid qui me tenaillait l'hiver et la chaleur écrasante de l'été, la nourriture et le sommeil réduits, j'en oubliais mon calvaire.

Et tous les chevaliers comme moi...

Les disciples d'Hamsa Manarah auraient certainement moins culpabilisé s'ils avaient su les accords passés entre le Mandarom et le supermarché de Castellane : la récupération par l'ashram de tous les produits avariés, donc invendables, du supermarché. Les dates de limite de vente sont effacées et cachées aux chevaliers externes, ceux qui paient, alors que les résidents mangent sans rechigner cette nourriture viciée par le temps.

Je suis une spécialiste des salades composées... mélange savant de produits sains et de fromages, parfois attaqués par les vers. La salmonellose et la dysenterie guettent les chevaliers ignorants, j'ai quelques scrupules, mais je me rassure en me disant que je ne fais qu'obéir aux ordres de notre Seigneur.

Comme sur les chantiers, mon travail à la cuisine est très vite remarqué. Je suis un exemple pour toute la communauté, le Seigneur ne manque jamais une occasion de le dire :

– Regardez cette petite, ce n'est qu'une enfant, et pourtant, elle est supérieure à vous tous... aucun d'entre vous ne suit, comme elle, mes préceptes, nul ne respecte, comme cette enfant, les règles de vie de notre Cité sainte...

Personne n'a jamais parlé de moi ainsi, trouvant les mots qui font mouche. Sous les regards des chevaliers envieux, je plane, portée par un mélange de fierté et de joie intérieure... « *OM*, Seigneur, je vous aime ! »

Le fait que notre Maître manifeste clairement sa préférence, provoque immédiatement des réactions incontrôlées des autres adeptes. C'est évidemment le but recherché par Bourdin. Au mois de mai, par exemple, nous pratiquons ce que l'on appelle la salutation au soleil. Cela commence à l'aube, et nous devons nous jeter à terre, nous allonger, et rendre hommage à l'astre de lumière et d'énergie. Et ainsi, plusieurs fois dans la journée. Mais, progressivement, ce n'est plus le soleil que nous honorerons, mais notre Seigneur. Après tout, n'est-il pas notre lumière ?

Je porte en moi cette image de ma mère tournant autour de la maison Lotus, où réside le Maître, se jetant à terre, en signe d'hommage et de soumission. Je me revois, imitant ma mère, m'étaler aussi de tout mon long, afin de montrer au Seigneur la force de mon engagement. Nous le sentons, le devinons derrière sa fenêtre, observant ses disciples, faces contre terre, et d'un *OM* généreux, nous donner sa bénédiction.

A la fin des rituels, le Seigneur, fendant la foule de ses disciples rassemblés dans le Temple, s'arrête à chaque pas, des femmes se jetant à ses pieds pour les embrasser. J'ai fait ce geste idolâtre, et comme les autres, j'ai senti sur ma tête l'imposition de la main divine du Maître, accompagnée du *OM* magique.

Quelle force irrésistible nous a précipités dans les abîmes du fanatisme ? Comment Bourdin pouvait-il résister à la tentation d'abuser de ce pouvoir ? Ce pouvoir, il l'a façonné, au fil des jours, en proposant une voie spirituelle unique et séduisante à des hommes et des femmes vite flattés et persuadés d'appartenir à la race élue. Mais ce sont ces hommes et ces femmes qui ont renforcé cette emprise. Ils se sont offerts corps et âme à un être dit supérieur, et circonstance aggravante, ils ont sacrifié leurs enfants.

C'est ainsi que ma mère, voulant s'attirer les grâces du Seigneur, va me livrer en pâture à un vieil obsédé.

Je sais, en entrant dans ce lieu sacré qu'est la cuisine, qu'il s'agit de l'antichambre du Lotus. Une étape essentielle avant la reconnaissance suprême. Je sais aussi que les candidates sont nombreuses à se bousculer au portillon de la maison du Seigneur. Bien sûr, toute petite déjà, j'ai pu pénétrer dans le saint des saints. Mais je n'avais remarqué à l'époque qu'une cheminée effrayante, en forme de lion, qui ornait le salon du Lotus, et des peintures murales hideuses (je les trouvais belles, à l'époque), œuvres de quelques chevaliers illuminés. Je n'avais rien vu de la vie quotidienne du Lotus, et les sœurs en relation directe avec le Seigneur, entretenaient soigneusement le mystère. Elues parmi les élus, elles représentaient pour nous la réussite pleine et entière d'une vie spirituelle exceptionnelle. Nous en rêvions toutes !

Le rêve et la vie monastique étant incompatibles avec les études, mes échecs scolaires s'accumulent. Quelques mois avant de partir, mon père avait accepté de me payer des cours de soutien en français, ma matière la plus faible. En vain... j'étais toujours aussi rétive à la grammaire, incapable de me concentrer, ne trouvant aucun intérêt dans l'apprentissage du passé ou du présent, alors que je préparais l'avenir du monde, sur les hauteurs de Castellane.

On m'a donc orientée vers un lycée professionnel, où mes postures de nonne immature font rire toutes mes copines. Je n'ai jamais été aussi éloignée des réalités que durant cette période. Désormais, je prie en classe, en plein cours. Je me revois encore, mon chapelet dans les mains, cachées sous mon bureau, enchaînant les mantras, retrouvant Ganesha ou Vishnou, loin, si loin du monde des hommes et des écoliers.

Celles ou ceux qui s'intéressent encore un peu à moi me posent des questions essentielles du genre : « Pourquoi tu portes toujours les mêmes vêtements, ce jean nul et ce poncho rouge ? »

Je ne réponds pas... Pourquoi rajouter à l'humiliation en racontant notre vie quotidienne, pourquoi dirais-je que, non seulement, je n'ai qu'un pantalon, que je m'empresse de laver quand il est sale, mais encore que nous mangeons tous les jours la même chose à la maison, parce que le peu d'argent que rapportent les cours de yoga de ma mère et la pension alimentaire versée par mon père, est entièrement consacré au Mandarom.

Comment dire à ces incapables que mon air de chien

battu, errant dans la cour de récréation, est la conséquence directe des ascèses quotidiennes, matinales et épuisantes que je m'impose ? Comprendraient-elles que je prie pour elles, pendant leur sommeil ? Je suis seule, de plus en plus perdue, et si vide, loin de notre Seigneur. Sur un de mes cahiers, j'ai écrit cette phrase essentielle, m'adressant à mon Seigneur et Maître :

« Je ne pense à toi qu'une fois par jour, mais ça dure vingt-quatre heures... »

Aussi, quand j'apprends que le Maître accepte que j'entre à son service, j'exulte. Merci mon Dieu, c'est le plus beau jour de ma vie, la récompense de cinq années d'efforts, de surpassement de soi, de souffrances gommées. Me rapprocher du Seigneur c'est approcher la vérité, comprendre ma présence sur terre, c'est mieux le prier, le protéger, et ainsi assurer, à ma manière, l'avenir de la mission du Mandarom : sauver le monde en perdition...

Ce matin-là, qui marque mon entrée dans la maison Lotus, je ne pourrai jamais l'oublier. Cette angoisse qui me noue le ventre et rend ma démarche hésitante. Vais-je être à la hauteur de la tâche, suis-je digne de partager avec le Seigneur quelques heures de plus que les autres chevaliers, serai-je capable de supporter la vie ascétique, cette mortification quotidienne, qu'il s'impose depuis tant d'années ?

Pourquoi moi, enfant de quatorze ans, aurais-je le privilège de recevoir la lumière divine, si près de l'astre ? Hier, à l'école, je n'étais plus l'enfant solitaire que personne ne voit, je souriais... Sans ma médaille de chevalier, mon chapelet et mes bâtons d'encens, j'aurais pu paraître normale. Ce jour-là, mes camarades de classe ont certainement été étonnées de ce sourire béat, inhabituel chez « l'illuminée au poncho ». Si elles avaient su le pas décisif que je m'apprêtais à franchir dans ma vie...

En sortant du temple, après la prière collective du matin, j'aperçois Svarga, moniale au service du Maître, sortant un trousseau de clés de son pantalon, et ouvrant la porte d'entrée de la maison Lotus.

Svarga serait une belle femme si son œil gauche n'était à moitié fermé. Sa tête s'en trouve transformée. Sans la paupière tombante, elle serait douce. Ce rideau fermé lui donne un air mystérieux, comme si elle était détentrice d'un secret. Toute petite, quand je l'ai vue pour la première fois, j'ai cru rencontrer, en chair et en os, la sorcière de mes rêves. Dans le Lotus, trois sœurs, dont ma mère, sont déjà là. Munies de bâtons d'encens, elles enchaînent les mantras de protection du lieu, en commençant par les quatre coins de la cuisine, avant de préparer le petit déjeuner du Seigneur.

Je ne perds pas de temps. Pour prouver que j'ai ma place dans la maison sacrée, je saisis l'aspirateur et commence le nettoyage de l'entrée. Quelles merveilles... ces murs de bois peints, ce plafond bleu, étoilé, ces portes coulissantes ornées des représentations de divinités. Dans la salle à manger, des photos des grands maîtres indiens, initiateurs de notre Seigneur. Sur la plus grande, on reconnaît le Seigneur aux côtés de Sivanandah, celui auquel il doit tout.

Au milieu de cette pièce, posés sur le sol, un tas

d'objets symboliques, des statuettes à têtes de mort, des armes de toutes sortes, des divinités au regard cruel, des serpents naturalisés.

Svarga me rassure très vite :

– Tout ceci sert à la protection du Seigneur.

A quelques mètres de là, des coussins sont entassés devant un meuble dans lequel, je le découvrirai bientôt, le Maître dissimule un téléviseur. Signe de simplicité, sans doute, le Seigneur vit à même le sol.

Dans le salon, la panoplie complète du parfait sorcier. La cheminée à tête de lion est toujours à sa place. Dans le foyer, des armes, des animaux naturalisés, une peau de panthère. Le décor, les odeurs mélangées d'encens et de renfermé donnent à la pièce ronde une atmosphère étrange.

A l'étage, tout en haut d'un escalier en colimaçon, une porte fermée à clé. La chambre du Maître. Inaccessible. Plus haut encore, dans le dôme, la salle de prières, qui reste allumée toutes les nuits, quand le Seigneur fait ses ascèses, pour la sauvegarde des mondes végétal, animal, humain, et des êtres qui les peuplent.

Le ménage terminé, je retrouve les autres sœurs à la cuisine du Lotus. Elles épluchent des légumes frais, achetés le matin même, au marché de Castellane. Tiens, tiens... je croyais que le Seigneur mangeait comme ses disciples... Je me souviens avoir préparé son panier repas, lorsque je travaillais à la cuisine de l'ashram. En fait, je découvre, ce jour-là, que ce panier est destiné aux sœurs attachées au service du Maître. Lui, a droit à un traitement de faveur... son assiette de crudités, des champignons frais, des saucisses végétariennes, à base d'œufs, de soja, et d'épices, tout ceci arrosé de vin de noix, plus un fromage et un dessert.

J'amortis ce premier choc en me disant que rien n'est trop bon pour le Seigneur, qui a besoin de toute l'énergie d'une alimentation saine, dans son combat permanent contre les démons. Les sœurs, ma mère en tête, soignent la préparation et la présentation des plats tout en restant décontractées, comme si elles étaient chez elles.

A midi et demi, le Seigneur descend de sa chambre. Toutes les moniales se précipitent, l'une lui embrasse les pieds, l'autre incline sa tête, en signe de soumission, et les mains jointes, attend la bénédiction du Maître... « *OM*, Seigneur, *OM*, Seigneur... » Impressionnée, je reste en retrait, n'osant lever les yeux. Après nous avoir bénies, le Seigneur s'assoit sur les coussins, répartis devant la télé. C'est alors un essaim de moniales qui tourbillonne. Celle-ci lui sert ses crudités, cette autre lui verse un verre de vin, alors qu'une troisième lui tend une corbeille de pain frais.

Je suis étonnée, une sœur goûte les plats avant que le Maître n'approche la nourriture de ses lèvres divines. Je comprendrai plus tard. Paranoïaque, Bourdin craignait qu'on ne l'empoisonne !

En général, le Seigneur a bon appétit, et s'il semble perplexe devant un plat, les sœurs tremblent, redoutant la divine colère...

– Tu oses me présenter ce plat... tu es inconsciente... tu dois être en remontée, en ce moment... au fond de toi, tu en veux à ton maître, tu m'en veux... alors je te demande de ne plus t'occuper de mes repas, jusqu'à nouvel ordre...

La sœur coupable subit l'humiliation en silence, puis implore le pardon, qui ne viendra pas...

A treize heures, le maître toujours allongé, tel un roi fainéant, regarde les informations à la télé. Le rituel est immuable. Parfois, il fait un commentaire, expliquant qu'un conflit naissant au Proche-Orient est la conséquence directe d'une attaque massive des forces du mal, contre lesquelles il combat, jour et nuit. « Nous ne devons pas nous relâcher... » ajoute-t-il.

Si un accord de paix intervient, quelque part dans le monde, c'est le résultat de la neutralisation de ces démons, entreprise au Mandarom. Nous sommes toutes persuadées par tant de conviction.

Après le journal télévisé, le Seigneur ne rate jamais son feuilleton américain. Un polar, en général. Je m'étonne qu'il apprécie à ce point violence et suspense. Nous sommes assises autour de lui, et nous devons suivre très attentivement le film. Il arrive qu'il nous pose des questions, vérifiant que nous avons bien compris l'intrigue. Ces productions américaines sont le plus souvent médiocres, et pourtant notre maître n'en rate pas une, tout en grignotant des fruits secs.

Quand le programme ne lui plaît pas, le Seigneur branche son magnétoscope, et diffuse des cassettes que les chevaliers externes lui fournissent. Ils connaissent ses goûts : mystère, intrigue, angoisse...

Il nous a expliqué, un jour, que ces films pouvaient être très instructifs pour un « combattant » comme lui.

Les moyens utilisés par les héros de polar, pour déjouer les plans machiavéliques de leurs ennemis, servent le Maître dans sa lutte contre les forces démoniaques. Il s'identifiait sans doute aux héros américains, rêvant lui aussi d'imposer au monde, un ordre nouveau, sa propre loi.

Au cours d'une de ces séances, pourtant, en pleine poursuite du méchant, armé jusqu'aux dents, par un gentil flic à gueule d'ange, le Seigneur s'assoupit. La sœur la plus proche de lui, a d'abord senti le poids de la tête du maître sur son épaule, et elle n'a pas osé perturber le divin repos.

Moi qui croyais que le sommeil n'avait aucune prise sur lui, je n'en reviens pas, mais je me reprends immédiatement. C'est bien normal qu'après avoir prié et lutté toute la nuit, le maître ait besoin de souffler un peu... d'ailleurs, il ronfle maintenant.

Alors se déroule sous mes yeux une scène incroyable, qu'aucun chevalier ne peut imaginer, s'il ne l'a pas vécue. Quatre moniales se lèvent, saisissent délicatement notre Seigneur, et sans le réveiller, comme on déplace une idole, le transportent jusqu'à sa chambre. L'image de ce cortège sacré est saisissante. J'envie ces femmes et je ne remarque même pas qu'elles ne sont plus que trois au retour de la chambre.

Quand il ne s'endort pas, le Seigneur demande à ses servantes de lui masser les pieds. Toucher ces pieds qui ont parcouru tant de chemin, des Antilles en Inde, en passant par le Canada, l'Afrique ou... la Suisse, pour le seul bonheur des hommes, est un privilège, à nos yeux.

Là encore, je suis paralysée par la peur de mal faire... comme hier soir, dans la préparation de la potion du maître... une orange pressée avec du gingembre râpé, plus de la cannelle, des clous de girofle et de la levure de bière. Explosif ! Le Seigneur boit ça tous les matins, mais aujourd'hui, il n'y a pas touché. J'ai dû rater le mélange. C'est Svarga, celle qui lui sert son petit déjeuner au lit, qui a subi l'affront : « Vous voulez ma mort, il n'y a pas d'autre explication... »

Plus tard, j'ai appris que cette boisson décapante avait des vertus aphrodisiaques.

Après le feuilleton télé, quand le maître reste éveillé, nous entamons la lecture du courrier. Le Seigneur reçoit plusieurs dizaines de lettres par jour... qu'il ne lit pas ! Nous sommes chargées de le faire pour lui. Nous nous rassemblons, assises sur les coussins, tout près du Maître, et nous nous répartissons le courrier du jour. Notre Maître ouvre l'enveloppe, vérifie l'origine du courrier, et nous demande de lire.

« Lettre du directeur départemental de l'Equipement, Seigneur, qui écrit qu'il n'a aucun doute sur notre bonne foi, mais que nous avons été abusés, et qu'il fallait bien un permis de construire pour nos cellules en préfabriqué, nous conseillant de les peindre couleur pierre, afin qu'elles se fondent dans le paysage. »

Le Seigneur approuve d'un simple signe de tête. Il sourit. Récemment, il a effectué plusieurs visites aux responsables de l'Equipement des Alpes-de-Haute-Provence, à propos des permis de construire que nous n'avons toujours pas. Il a sans doute été très persuasif, le ton conciliant du courrier reçu aujourd'hui, le prouve. La sœur met la lettre de côté.

Lettre d'une de nos sœurs, chevalier externe... « Mon Seigneur et Maître, vous connaissez mon amour et mon dévouement pour vous, je sais votre force et la générosité que vous mettez dans toute chose. Je vous ai déjà parlé de mes graves problèmes de drogue, la difficulté que j'ai à en trouver et à m'en passer. Mes séjours au Mandarom, ma présence auprès de vous, l'aide des chevaliers du Lotus d'or, m'ont permis de surmonter bien des épreuves, et de supporter le manque.

L'amour que j'ai trouvé à la Baume est indispensable à ma survie, Seigneur. Je vous supplie de me permettre d'y retourner.

Je suis complètement perdue loin de vous, je me sens inutile dans le monde des hommes, votre ashram est mon dernier refuge...

J'attends vos conseils et espère votre pardon... Mon Seigneur, je vous remercie... »

Je viens de terminer la lecture de cette longue lettre, en forme de S.O.S, et j'en suis malade. J'ai bien connu cette jeune sœur, mais j'ignorais qu'elle était toxico. Souvent désignée « possédée », durant les rituels, je la croyais simplement torturée par quelques entités démoniaques. C'était une jolie fille, et, un temps, je pense que le Seigneur l'a regardée d'un œil bienveillant... pour la sauver. Les larmes aux yeux, je me tourne vers notre Maître. Je suis sûre que la dérive de ce disciple l'a ému. Un seul mot d'encouragement, un seul conseil d'Hamsa Manarah suffirait à lui redonner l'envie de vivre. Hélas, je me trompe, le Maître semble agacé :

– J'ai fait tout ce que j'ai pu pour cette femme, elle n'a pas su ou voulu en profiter, tant pis pour elle... tu sais ce qui te reste à faire, conclut-il en me regardant.

Alors, brisée, mais soumise, j'ai déchiré puis jeté la lettre de cette jeune femme désespérée... par la suite, j'ai souvent prié pour elle. Je n'ai jamais su si elle avait survécu au bannissement prononcé par Gilbert Bourdin.

Si une lettre est une âme, le Seigneur tout-puissant de Castellane l'a chiffonnée sans émotion, et l'âme a fini dans une corbeille à papier. Qui m'a bandé les yeux, qui a bouché mes oreilles, et à ce point troublé mon esprit, empêchant ma révolte ? Ce jour-là, je crois encore au message d'amour, d'harmonie, de solidarité, que le Seigneur ne cesse de diffuser dans ses écrits et dans ses prises de parole. Il est mon seul guide, comme celui de cette toxicomane qui l'appelle au secours, et qu'il abandonne.

N'est-il plus capable de pardon, de compassion ? Si cette femme est « possédée », comme il dit, ne mérite-t-elle pas que le Seigneur la sauve, puisqu'il en a le pouvoir ? Serons-nous tous des parias, un jour d'égarement ?

C'est seulement aujourd'hui que je me pose ces questions essentielles. A l'époque, à quatorze ans, prisonnière, je n'ai d'autre solution que de suivre notre Seigneur quand il condamne et coupe les têtes. Et combien de gens sincères, parmi les adultes qui furent mes compagnons chevaliers, ont approuvé le Maître, sans broncher ?

S'ils avaient su... ceux qui trimaient, affamés, sous le soleil, que leur maître vénéré buvait son thé ou sa bière, étendu sur des coussins moelleux, sous les regards idolâtres et les caresses des femmes.

S'ils avaient su que la nourriture qui leur était parfois servie, sur les chantiers, sur ordre du Seigneur, était avariée. Croulant sous les dons de ses adeptes, Bourdin ne pouvait tout consommer, seul. Alors, il organisait des Prasads, des offrandes, pour les chevaliers bâtisseurs. Sur des beaux plateaux que nous présentions aux esclaves du Mandarom, le généreux Seigneur distribuait des excédents, stockés si longtemps qu'ils étaient devenus immangeables... par lui ! Ainsi, généreux partageant son bien avec les impurs, stimulait-il ses troupes...

S'ils avaient su que les lettres intimes, voire confidentielles, ces courriers dans lesquels, avec impudeur, ils se mettaient à nu, ces lettres d'amour ou ces cris déchirants adressés à leur Seigneur, étaient jetés en pâture à « ses femmes » et aussi vite oubliés...

S'ils avaient su que le feu qui brûlait, la nuit, dans le dôme de la maison du Seigneur, était entretenu par un groupe de chevaliers, qui se glissaient discrètement dans le Lotus, tous les soirs à 22 heures, et assuraient la protection du Maître. Avant d'entrer à son service, je voyais, comme les autres, cette lumière briller tout en haut de la maison sacrée, et je remerciais le Seigneur qui priait pour nous, toutes les nuits. J'étais épuisée, mais la vie ascétique que s'imposait notre Maître, me donnait du courage, et me permettait de me dépasser.

J'ignorais qu'à cette heure-là, le Seigneur dormait... ou ne dormait pas, laissant croire à ses disciples qu'il partageait leur sacrifice.

S'ils avaient su que leur Seigneur n'a jamais accompli un jeûne de quatre-vingt-dix jours, comme il l'affirmait. Durant ce « jeûne », qui a renforcé les plus fanatiques et emporté l'adhésion des plus sceptiques, le Maître du Mandarom se bourrait de compléments alimentaires, qu'il consommait à l'abri des regards. Moi, j'étais là, dans le Lotus, et je l'ai vu. Je n'ai rien dit de cette trahison de plus. Je ne m'explique toujours pas mon silence.

S'ils avaient su que durant ces ascèses douloureuses, faites de privations et de sommeil réduit, le Seigneur écrivait ses livres... ou plutôt, les faisait écrire.

J'ai un jour entendu une sœur crier, haut et fort, son engagement auprès du Seigneur Hamsa Manarah : « Quand un homme est capable d'écrire ça, il faut le suivre jusqu'au bout... » Elle ignorait que le Maître avait ses nègres, hommes ou femmes, le plus souvent très brillants, qui étaient chargés de « traduire » la pensée supérieure de l'être supérieur. Mocita, le magicien a été un de ses « traducteurs » de la pensée du divin.

Elle aurait dû y regarder de plus près, et s'apercevoir que l'œuvre d'Hamsa Manarah n'est que du plagiat. Un salmigondis de citations piochées çà et là dans la littérature ésotérique, que ses *Mémoires d'un yogi* ressemblent étrangement à *L'Autobiographie d'un yogi* écrite par un grand maître indien. Certes, il nous était difficile de comparer, puisque, très rapidement, seuls les livres d'Hamsa Manarah circulaient parmi les chevaliers. Les autres ouvrages, indignes ou inutiles, nous étaient interdits ! Sans autre référence, gloutons mystiques, nous ingurgitions la pensée unique de notre Seigneur.

S'ils avaient su, ils auraient sans doute jeté leurs truelles et leurs chapelets, et abattu les statues qu'ils avaient eu tant de peine à ériger. Mais ils ne savaient pas, ne voulaient pas savoir, ou se taisaient. Tous ont poursuivi leur chemin de croix. J'étais parmi eux.

Ils ont continué à monter à La Baume, les bras chargés d'offrandes, ignorant les colères du Maître, qui n'en avait jamais assez. Nous, les femmes du Lotus entendions les récriminations du Seigneur insatisfait : « Celui qui vient ici sans offrande à son Maître est un impur, indigne de recevoir mon enseignement. Cette attitude est anormale. »

Le chevalier négligent (souvent sans le sou) apprenant la condamnation divine, était prêt à se ruiner pour son prochain séjour.

Le Maître sort peu de la maison Lotus, mais il sait tout de la vie dans le monastère. Nous sommes chargées de lui faire un compte rendu des activités de chacun. Le plus souvent, les informations nous sont transmises par un interphone, placé à la porte du Lotus.

« Tel chevalier est arrivé avec tel ou tel cadeau pour notre Seigneur... tel autre a pris du retard dans son travail... » L'interphone est aussi un outil de délation infaillible.

Le seul chevalier à avoir ses entrées dans le Lotus, c'est Mocita, le voyant. Je le connais bien et chaque fois que je le croise dans l'ashram, le film repasse de nos jeux d'hiver dans la neige de la Baume. Nous avions dix ans et nous dévalions la montagne sur une luge improvisée. On riait, comme des enfants. C'était avant le monastère et les attaques des démons, c'était il y a quatre ans à peine. Aujourd'hui, nous sommes encore des enfants, mais le rire nous est interdit !

Avec Mocita, le Maître se retire et, plusieurs heures durant, prépare les rituels. Les entités à combattre, les sujets à « décalquer », les textes à lire ou chanter, les armes magiques à utiliser.

Je sais aujourd'hui que l'imagination fertile de Mocita nourrissait la folie paranoïaque de Bourdin, qui voyait dans le jeune voyant son possible successeur.

– Florence, que veut dire le mot *kunda* que vous avez utilisé dans votre rédaction française ?

C'est la première fois que le prof de français m'interpelle, devant tous mes camarades de classe. Je n'aime pas son œil ironique. Il m'a réveillée en plein songe... j'étais moniale, entièrement dévouée au Seigneur, retirée du monde, ma vie consacrée à la prière... c'est un rêve que je fais souvent, en semaine, quand mes obligations scolaires m'éloignent du Mandarom.

Discrètement, je remets mon chapelet dans ma poche, je cache ma médaille, et j'attends... Que m'a-t-il demandé ? Je n'ai pas tout entendu ni compris...

– Florence, vous vous levez, s'il vous plaît et vous répondez à ma question... d'où sortez-vous le mot *kunda* ?

– Mais... Monsieur... C'est le feu, *kunda*, c'est le feu...

– Florence, je suis professeur de français depuis vingt ans, et je ne connais ni ce mot ni la demi-douzaine d'autres que vous avez utilisés dans votre rédaction...

pour dire feu, on dit feu, et pour l'écrire c'est pareil... kunda, kunda, mais je rêve...

Cette fois, il n'est plus du tout ironique. Les autres élèves me regardent comme une extraterrestre. Certains sourient méchamment, pas mécontents que le prof corrige ainsi mes errances. Prise au piège, je pense bien faire en disant :

– Monsieur, je croyais que c'était pareil... qu'on pouvait utiliser des mots en sanscrit...

– Florence, ça suffit... la réponse a fusé... ici, on n'est pas chez les Brahmanes ou en Inde... ici, vous êtes en cours de français, et je vous demande d'écrire et de parler en français...

Je me rassois, vaincue et coupable... coupable de tout confondre, ma vie monastique, celle des week-ends et des vacances, et ma vie scolaire, celle des jours tristes où je ne suis pas près du Maître. J'arrive à oublier ma langue natale, et quand des mots simples m'échappent, je me réfugie dans le sanscrit. C'est grave, très grave. Mais le professeur de français, croyant sans doute à quelque préciosité de ma part, ne cherchera pas à savoir d'où me vient ce goût pour la langue sacrée des grands sages d'Inde.

A la maison, celle de ma famille morte, mon dernier lien avec le monde extérieur vient de casser. Les attaques frontales entre ma sœur et ma mère sont quotidiennes. Nathalie supporte de moins en moins le régime pâtes-patates que nous nous imposons, alors qu'elle nous voit partir au Mandarom les bras chargés de cadeaux. Nous ne faisons le marché que pour notre Seigneur.

Et ce qui devait arriver... Nathalie explose :

– Maman, j'en ai ma claque de tes bondieuseries. Tu te vois, tous les matins, allumer tes bâtons d'encens aux quatre coins de la maison pour nous protéger... nous protéger de quoi... contre qui te bats-tu ?... et ta chambre, transformée en église... et tes prières à n'en plus finir... et ton Seigneur par-ci, et ton Maître par-là... et tout ce que nous ne pouvons plus faire... c'est normal que papa se soit tiré... et moi aujourd'hui, je fais pareil, je me casse !

Nathalie a seize ans et demi. Son projet est de vivre avec un copain et de travailler.

Ma mère le sait :

– Il est hors de question que tu partes...

Nathalie n'est pas surprise :

– Essaie de m'en empêcher... comment tu vas t'y prendre... en priant ton gourou, peut-être... Maman, réveille-toi, tu es en train de devenir folle... arrête de monter là-haut... on va tous en crever...

– Ne t'occupe pas de ma vie, Nathalie... si tu veux partir, pars, mais fous-moi la paix !

– Je pars, et j'emporte avec moi la bibliothèque que papa m'a offerte... de toute façon, ni toi ni Florence ne lisez... je prends aussi mon magnétophone et toutes mes affaires.

Un matin, marchant vers l'école, après mes prières, j'ai vu les sacs de vêtements de Nathalie et la fameuse bibliothèque, jetés sur le trottoir.

Ma sœur ne remettra jamais les pieds à la maison. Sa vie commençait !

En peu de temps, je viens de perdre mon père et ma sœur, deux êtres que j'aime profondément. Mais encore une fois, je vais ignorer la douleur, en me réfugiant dans la méditation anesthésiante.

« Un chevalier ne pleure pas, il repousse les limites du mal, il doit savoir ce qui est essentiel à sa vie spirituelle, la seule qui compte.

Papa est parti, puis Nathalie... tant pis pour eux, ils n'ont rien compris. »

C'est stupéfiant, alors que ces deux pertes successives auraient dû me révolter et sans doute me sauver, elles vont au contraire me rendre de plus en plus dépendante du Mandarom.

Les jours me semblent longs et inutiles à attendre la fin de semaine. Quand je remonte au Mandarom, je suis euphorique. Je retrouve mes frères et sœurs, toujours plus nombreux, toujours plus dévoués. Quelle sécurité ! Dès mon arrivée, je regagne, avec Mitti, ma mère, la maison Lotus et le cercle des servantes du Maître.

J'y entre sans appréhension, persuadée de partager la vie quotidienne d'un être exceptionnel, comme à l'époque du Christ, même si ce que je découvre peu à peu de cette vie, m'étonne parfois.

Chapitre 5

Ses bras m'enserrent, m'empêchent de fuir

Cette sérénité, si peu ébranlée, sera la cause principale de ma « mort »...

Tout commence un jour comme un autre. J'avais terminé le ménage, et participé à la préparation du repas du Maître, quand une sœur me dit :

– Florence, va aider le Seigneur à se préparer, il doit partir en voyage, dans son appartement de Cannes... tiens, porte-lui ses chaussures...

Quel privilège que de servir le Maître... et si jeune ! Toucher ses chaussures... quel symbole... celui de la marche vers la sagesse, vers la purification et la connaissance... merci, Seigneur, *OM*, Seigneur...

Dans la bibliothèque du Lotus (petite pièce sans livre, située près du salon), le Seigneur est quasiment prêt... il a mis un chapeau noir sur la tête, et une veste sombre. Je porte religieusement ses chaussures, m'approche de lui, le salue avant de me prosterner à ses pieds. Lui reste debout, pendant que je l'aide à enfiler les chaussures. Cela fait, toujours en silence, je me relève doucement.

Le Seigneur tend ses bras comme s'il voulait m'aider et soudain, me saisit aux épaules, et m'attire vers lui. Avant que je ne puisse réagir, il m'embrasse. Je suis suffoquée... autant par le geste que par sa langue qui cherche la mienne... Ses bras m'enserrent, m'empêchent de fuir, si j'en avais eu la force.

Je ne réponds pas à son baiser, je ne sais pas... Je ne comprends pas, ma vue se brouille, je ne respire plus... je ne peux plus... Je ne sais pas combien dure l'étreinte, une éternité...

Puis il me lâche, s'écarte et me dit :

– File, maintenant, et surtout, ne dis rien à personne, c'est un secret entre nous...

J'ai à peine entendu, car un bruit assourdissant vient de faire exploser ma tête... c'est ma vie qui s'écroule. Le Seigneur est déjà reparti, je n'ai pas bougé. Les tympans en feu, je revis en accéléré cinq années de chevalerie... cinq ans de privations, de solitude... pour en arriver à la nausée.

Cette nuit-là, je tourne, sans m'arrêter, autour de la maison Lotus, je ne dors pas. Une question, toujours la même, me taraude : comment un être supérieur, ayant atteint une telle sagesse, une telle connaissance, peut-il avoir une telle attitude... lui qui est si haut, a-t-il besoin de ça pour s'élever encore ?

Au petit matin, le pantin est épuisé. Dans un état second, je participe aux prières pour la protection de notre Maître en voyage, mais personne ne fait attention à moi. De même, dans la maison Lotus, où nous prions encore, attendant le retour du Seigneur.

Toute la journée, comme la nuit précédente, je cherche une réponse mais c'est plus fort que moi. Je ne peux me résoudre à effacer toute ma vie en disant : « Ce n'est pas un saint, un saint n'embrasse pas les petites filles... »

Alors, je vais courber le dos, encore une fois. On me l'a si bien appris que c'est un mouvement que je fais presque naturellement : « Tu n'as pas le droit de porter de jugement, tu ignores tout de la vie des hommes, et si le Seigneur se permet des gestes vis-à-vis des femmes, c'est que lui seul en a le droit. Ce n'est pas si grave et après tout, elles ne s'en plaignent pas, et semblent considérer ça comme un privilège... alors, toi, qui es-tu pour te lamenter et douter ? »

Et ainsi, je me persuade que tout ceci est normal. D'ailleurs, la nuit suivante, je dors mieux et replonge dans mon rêve de petite fille... celui du prince charmant, porteur de lumière, qui vient m'arracher à la nuit. Je ne vois pas son visage, je sais simplement qu'il est beau et bon, et que c'est un grand initié.

Quand notre Maître revient, deux jours plus tard, tout le monde s'en réjouit, et moi aussi...

Ce matin-là, le monastère brille de mille feux. L'astre soleil semble avoir repeint nos statues et l'eau bleue du lac de Castillon est plus limpide qu'hier. Tout est plus calme, les chevaliers sont plus radieux et les moniales exsangues presque belles. Nous prions tous autour des statues avec une ferveur inégalée...

Je tourne et Krishna veille sur moi... notre Maître aussi, hélas...

De sa maison Lotus, il a vue sur la statue de Krishna à travers une petite fenêtre.

C'est étonnant... il m'a semblé apercevoir une lampe s'allumer, puis s'éteindre dans la maison du Seigneur. Je refais un tour... oui, c'est bien ça... allumé, éteint... allumé, éteint. Je n'y prête plus attention et continue mes prières tournantes, quand quelques minutes plus tard, la porte de la maison Lotus s'ouvre et le Seigneur apparaît.

Il fait un geste avec sa main... je regarde derrière moi... personne... c'est donc à moi qu'il fait signe de venir... que me veut-il?... ce n'est pas encore neuf heures, l'heure où Svarga ouvre la porte du Lotus pour faire entrer les servantes... il a sans doute besoin de moi pour un service quelconque.

Je m'avance, il m'attend à la porte. Je ne l'avais jamais vu en pyjama. Un pantalon léger de couleur beige, une tunique saumon par-dessus, et son bonnet de laine pourpre sur la tête.

– Veux-tu manger quelque chose?... sa voix est très douce...

— Non merci, Seigneur, j'ai dormi chez ma mère, et j'ai pris un petit déjeuner.

– Bon, viens avec moi...

Je le suis jusqu'à l'escalier en colimaçon, qui mène à l'étage... juste avant l'escalier, il me laisse passer devant lui. Arrivé à l'étage, il repasse devant moi et attrape une clé, cachée au-dessus d'une porte... c'est la porte de sa chambre. Il ouvre, et me demande de le suivre... à peine entré, il referme soigneusement et se dirige vers la salle de bains, d'où il ressort presque immédiatement.

Je suis là, debout, je ne sais toujours pas ce qu'il veut de moi.

Je porte un chemisier blanc, orné de dentelle, et un jean.

Durant quelques secondes, le silence... puis...

– Baisse ton pantalon !... l'ordre est venu, sec, toute douceur disparue.

Je ne me souviens plus de ce qui me passe par la tête, à ce moment précis, sinon que je me persuade qu'il s'agit d'un rituel initiatique de plus, une bénédiction que le Maître yogi réserve aux enfants...

Il est devant moi et attend que je m'exécute. Je me sens toute petite devant la stature impressionnante du Maître. Il attend. Sans le regarder, je le sens impassible. Je me déboutonne et laisse glisser mon pantalon le long de mes jambes maigres. Il s'approche et d'une main commence à baisser ma culotte en me disant : Enlève-la !... j'obéis.

Il me saisit alors par les épaules et me fait reculer vers son lit... d'une légère pression, il m'allonge... très vite, il enlève son pantalon de pyjama, son slip... d'un geste brusque, sans un mot, il m'écarte les jambes qu'instinctivement, j'avais serrées l'une contre l'autre.

Je garde les yeux ouverts, mais je ne vois rien. Il s'allonge sur moi, je sens le poids de son corps. Il a conservé son bonnet sur la tête et sa tunique sur le torse. Toujours en silence, il me pénètre. Une déchirure puis une brûlure, c'est tout ce que je ressens. Un cri de douleur étouffé, je ferme les yeux, je ne sais plus où je suis ni ce qui m'arrive. Je croise son regard, ses yeux bleus exorbités sont ailleurs, il ne me voit pas. Mécanique et froid, il ne donne aucun signe de vie. Moins de deux minutes après, je sens un liquide tiède glisser entre mes cuisses. Le Maître du Mandarom vient de répandre sa semence dans mon corps de fillette. Je n'ai que quatorze ans.

Sans un regard pour sa victime, le Seigneur se relève, se rhabille et ordonne : « Lève-toi... » Je reste quelques instants debout, légèrement titubante, une douleur sourde au bas du ventre. Lui est dans sa salle de bains : « Viens ici... » Je le rejoins. Il me tend un objet de couleur bleue, le même que celui que possède ma mère, à la maison : une poire à lavement.

Une odeur de plantes se diffuse dans la salle de bains.

– Tu prends ça et tu te laves...

Quand je termine ma toilette intime, à coup de spermicide, je remarque un point rouge sur l'embout de la poire... une goutte de sang... une seule... le symbole de ma virginité bafouée, la marque rouge de l'assassinat d'un enfant !

– Pars maintenant, et ne dis jamais rien à personne, c'est un ordre de ton Seigneur et Maître.

Ce sont ses derniers mots. Je rejoins mes frères et sœurs toujours en prière. Personne n'a remarqué mon absence.

Tout en reprenant la marche circulaire à l'ombre de Krishna, je ne peux m'empêcher de penser à ce qui vient de m'arriver. Je ne savais rien de l'acte sexuel. Dans mes rêves d'adolescente, il était un aboutissement, un don destiné à l'être aimé, un partage merveilleux. Ce n'était pas ça, pas du pillage !

Je ne connaissais du mot sexe que ce que le Seigneur, lui-même, en avait dit dans son livre *Le yoga et la vie pratique.*

« ... une rééducation bien comprise doit être dégagée de la pression de tout sujet tabou... il est absolument indispensable que l'individu reconnaisse l'impulsion sexuelle pour ce qu'elle est et cesse de voir en elle quelque chose dont il faille avoir honte... »

Le yogi violeur n'a pas honte, et jusque-là, Bourdin reste logique avec lui-même. En revanche, il l'est beaucoup moins par ses abus de pouvoir répétés alors qu'il avait écrit : « L'homme maître de son sexe sera maître de ses émotions et maître de son avenir. »

Aujourd'hui, parce qu'il n'a pas su résister à ses pulsions sexuelles, Gilbert Bourdin n'est plus maître de son avenir.

Je sais ça, en 1995, j'en suis bien incapable à quatorze ans....

Car depuis mon arrivée au Mandarom, j'ai appris à me taire, à obéir, à suivre de nouvelles règles de vie. On m'a programmée pour la dévotion, le culte du Maître, et dans son sillage, on m'a promis l'épanouissement spirituel, le seul qui compte.

S'ils m'ont parfois déroutée, je ne me suis jamais senti le droit de juger les actes du Seigneur. On ne juge pas Dieu ! On ne l'aime pas, on le vénère ! Il est inaccessible...

Ce jour-là, je suis persuadée que le Seigneur, en pénétrant mon corps d'enfant, s'est mis au niveau des humbles, à mon niveau. Sa semence est une bénédiction, je dois l'accepter comme telle. Ce n'était pas un acte sexuel.

Comme toutes les femmes que Gilbert Bourdin a violées, caché derrière l'image d'un faux yogi, j'imagine être la seule « bénie de Dieu ». C'est plus facile ainsi de respecter la loi du silence. Je ne dirai rien à ma mère, mais je suis sûre, au plus profond de moi, qu'elle savait, en acceptant que j'entre au service du Seigneur, qu'il n'hésiterait pas à me violer, comme il l'avait fait avec elle.

J'accuse aujourd'hui ma mère, alias Mitti, de m'avoir offerte à son gourou, dans le seul but d'obtenir ses grâces. Et le crime a été prémédité... Bourdin et ma mère, complices, ont attendu que mon père, le vrai, le seul, celui que je n'aurais jamais dû quitter, se soit éloigné, avant de passer à l'acte. Oui, ma mère savait tout. Je suis la chair de sa chair, l'enfant qu'elle a portée, celle qu'elle a aimée, celle qui l'a aimée. Elle s'est approprié mon enfance, elle n'avait pas le droit de brader ma vie en me laissant souiller par un vieux fou. Je ne pourrai jamais lui pardonner ce crime.

Ma mère connaît parfaitement le sort réservé aux femmes du Mandarom. Sa passivité, à l'époque, me rassure... il ne s'est rien passé de grave... une étape de plus dans mon parcours initiatique... la vie continue.

Par la suite, les viols se sont répétés. Un soir, alors que les servantes du Lotus s'apprêtent à regagner leur dortoir (nous ne dormions jamais dans la maison du Maître) le Seigneur s'approche de moi et me glisse : « Tu restes, j'ai besoin de toi pour un travail. »

Je sais ce qui m'attend, mais je n'ai aucun moyen de fuir... je sais le rite immuable... Je me déshabille, il enlève son slip, mais garde son torse couvert... la pénétration et la même douleur, puis la poire à lavement, tout ceci en trois minutes, dans un silence morbide.

Mais ce soir-là, c'est différent, j'ai failli rendre mon âme de chevalier. Car ce soir, le Seigneur s'est endormi sur moi... je me vois mourir étouffée, prisonnière d'un corps mort... il a toujours son bonnet sur la tête, et il ronfle. Je n'ose pas bouger, ai-je le droit de réveiller le Maître ?... D'ailleurs, je n'en ai pas la force... je reste là, compressée, pendant plus d'une heure, son sperme dégoulinant entre mes jambes emprisonnées.

J'ai de plus en plus de mal à respirer, pas lui. Le sordide de la situation ne m'atteint même pas. Je redoute seulement la colère du Maître si j'osais briser son sommeil. J'entends, je sens son souffle près de mon visage, j'ai les yeux ouverts et je maudis les yogis qui ont inventé ce nouveau rite initiatique... l'avilissement par l'écrasement !

Je suis loin d'imaginer qu'un vieux lubrique s'est tout simplement endormi sur le corps d'une enfant, que dis-je, sur un tas de chair dérisoire à ses yeux, un petit être sacrifié dont il se sert pour asseoir un peu plus un pouvoir déjà immense.

Non, ce viol-là, je ne peux le chasser de ma mémoire... je ne peux oublier les coups frappés à la porte de la maison Lotus, et les cris des chevaliers :

– Seigneur, réveillez-vous, une de nos sœurs a disparu...

Le Maître réagit très vite. Il se lève d'un bond, je peux enfin respirer normalement. Je me rhabille pendant qu'il s'approche de sa fenêtre :

– J'arrive...

Juste avant de descendre rejoindre ses hommes, le Seigneur me tend un trousseau de clés.

– Tiens, prends ça, tu vas attendre que je sois sorti, puis tu sortiras à ton tour, dans quelques minutes... personne ne doit savoir que tu es là, personne ne doit te voir...

Quand je ressors de la maison Lotus, c'est une pagaille indescriptible. Des nonnes et des chevaliers courent dans tous les sens, des torches à la main. Je me fonds dans un groupe de recherche, aux côtés du Maître, qui a revêtu une veste militaire.

Pendant que nous battons la montagne, en quête de notre sœur égarée, que nous retrouverons une jambe brisée, quelque chose coule le long de mes jambes. Ce soir, je n'ai pas eu droit à la poire bleue!

Comme s'il ne pouvait résister à ses pulsions sexuelles, le Maître du Mandarom prenait parfois des risques insensés, qui auraient pu briser à jamais son image de grand sage. Ainsi, ce jour, où seule, faisant le ménage dans le salon du Lotus, je l'ai vu arriver, se jeter sur moi, me plaquer au sol, baisser son pantalon, s'enfoncer en moi, et éjaculer aussitôt... ceci en quelques secondes, sans se soucier des autres sœurs que j'entendais travailler dans la pièce voisine. Il est reparti, très vite, sans un mot, me laissant pantelante et incrédule... C'était quoi, un cauchemar, le fruit de mon imagination ? Hélas, non, c'était la réalité, et la douleur dans le bas-ventre qui m'a accompagnée toute la journée était là pour me le rappeler.

Bien sûr, il m'est arrivé de douter du caractère divin de ces accouplements imposés. Mais je ne sais rien de la vie, et je ne peux en parler à personne, puisque la loi est le silence. Si je trahis, je serai chassée, sans jugement, et hors du Mandarom, point de salut !

Peu à peu, Bourdin et ses sbires, dont ma propre mère, ont fait le vide autour de moi, mes points de repère se trouvent sur la montagne de la Baume. De l'autre monde, celui qui avance, je ne sais plus rien. Victime des réducteurs de tête, je ne suis programmée que pour le culte d'un saint, c'est beaucoup plus simple ainsi !

Ma mère, elle-même, m'aurait rejetée...

J'ai longtemps cru être la seule à bénéficier des attentions du Seigneur, puis un jour, j'ai compris. Je tourne autour de ma statue habituelle, Krishna, quand j'entends des cris provenant du Lotus... la voix du Maître mêlée à des hurlements de femme. Un groupe de chevaliers, la garde prétorienne du Seigneur, se précipite vers la maison sacrée. Lorsqu'ils ressortent, quelques minutes plus tard, ils escortent une jeune femme, très jolie et très pâle. Ils se dirigent vers le dortoir des femmes.

Le temps pour elle de prendre un sac, et les chevaliers la conduisent jusqu'à la porte du monastère. Elle jette un dernier regard sur ce qui a été sa vie pendant de longs mois. J'y ai lu le désespoir. Puis elle est partie. Je ne l'ai jamais revue !

J'ai su, récemment, ce qui s'est passé, ce jour-là, dans la maison du Seigneur. C'est un des chevaliers, Gambire, membre de cette garde rapprochée du Maître, et qui est à mes côtés, aujourd'hui, dans mon combat contre la secte du Mandarom, qui m'a tout dit.

« Le Seigneur nous a fait appeler dans sa chambre. Nous sommes quatre. Nous entrons, et ce qui me frappe tout de suite, ce sont les vêtements qui jonchent le sol.

Le Maître est hors de lui, c'est évident... il nous dit :

– Occupez-vous d'elle... C'est tout.

Elle, c'est une toute jeune fille, très mince, avec des cheveux bruns, sur un visage très pâle. Elle semble tétanisée, accrochée au lit du Seigneur... elle est en slip, et son tee-shirt est déchiré. Ses yeux, je ne les oublierai jamais. Ils nous appellent au secours, ils sont la terreur et la détresse à la fois.

Fermement, car le Seigneur nous observe, nous l'aidons à se rhabiller. Elle tremble en enfilant son pantalon. Je la prends par le bras et nous sortons de la chambre du Seigneur. Elle nous suit, sans un mot, la tête basse. Dans le dortoir des femmes où nous la conduisons, elle prend ses affaires et doit affronter le regard des sœurs présentes qui l'ont déjà oubliée. A leurs yeux, c'est une possédée du démon !

Le Maître nous a donné une enveloppe. Nous lui donnons cet argent, qu'elle prend sans rien dire. Puis, toujours en silence, nous la menons jusqu'à la sortie. Je revois encore la silhouette frêle de cette condamnée au bannissement, diminuer sur le chemin de la Baume.

Je ne l'ai plus jamais revue. Mais j'ai appris plus tard que cette jeune femme, qui a résisté aux assauts du Seigneur, a fini dans un hôpital psychiatrique. »

J'ai pleuré longuement à la fin du récit de cet ancien chevalier.

Je me sens si proche aujourd'hui de cette femme que Bourdin a assassinée, comme beaucoup d'autres. J'en étais si loin, à l'époque.

Elle a refusé le viol, car elle venait de la vie, savait que tout ceci n'était pas normal et elle a pu arracher le masque du vieux salaud, même si elle l'a payé très cher. Moi, enfant fabriquée, je n'avais appris que la peur, la dévotion aveugle, le rejet du monde et l'obéissance.

Lui seul, le Maître avait le droit de mépriser, d'humilier, de profaner!

Ma mère me poussait vers celui qui était devenu mon père... guide spirituel, garant de mon salut, et qui donnait un sens unique à ma vie.

On ne juge pas son père, *a fortiori* s'il vient d'ailleurs, du royaume des cieux. Ce n'est que plus tard, beaucoup plus tard que j'ai appris le sens du mot INCESTE!

De qui pouvais-je espérer une aide? De ma mère?... Impossible, car elle n'était plus ma mère, seulement Mitti, chevalier du Lotus d'or, grande prêtresse de l'aumisme. Mitti, fanatique parmi les illuminés, qui va bientôt m'éclairer sur ses véritables objectifs.

Ce jour-là, nous sommes dans l'appartement du Seigneur, à Cannes. Nous l'avons suivi pour assurer son service... nous faisons les courses, sa cuisine, son ménage.

Nous venons de terminer la vaisselle, quand le Maître me fait signe de le suivre dans sa chambre. A peine a-t-il le dos tourné, que ma mère se précipite, me bouscule au passage et s'empresse d'entrer dans la chambre du Maître. Elle en ressortira dix minutes plus tard, sans un mot d'explication.

Je ne veux pas croire que, ce jour-là, ma mère s'est sacrifiée à ma place. Je crois, en revanche, qu'elle savait pertinemment que son gourou avait abusé de sa fille, puisque c'est elle qui m'avait « offerte », achetant ainsi son droit d'entrée dans la chambre sacrée... le troc du sexe, pour sauver son âme!

Je suis la Vierge Marie!

Elue de Dieu, comme elle, je suis unique.

Choisie parmi l'élite, je me sens plus forte que toutes les autres. Persuadée que je suis la seule à avoir approché d'aussi près l'Esprit Saint, je pars beaucoup plus légère, tous les matins, vers l'école.

Et en classe, c'est l'euphorie. Je plains sincèrement Godefroy de Bouillon, star de mon cours d'histoire, combattant la soldatesque sarrasine, et prêt à souffrir le martyr pour reprendre Jérusalem. Nous au Mandarom, moi là-haut, c'est l'humanité que je sauve, ce n'est pas simplement le berceau du christianisme.

En se servant de mon « véhicule de chair », le Seigneur a voulu me montrer que désormais, nous ne faisons plus qu'un, pour combattre les forces du mal.

Au-delà des rituels, tous les gestes que j'accomplis,

dans une journée, sont dédiés au Seigneur. Je ne dois pas dévier de ma route. Donc, je ne fais plus rien à l'école, c'est inutile.

Plus rien ne m'intéresse, je suis inaccessible. Je ne réponds plus aux rares élèves qui me parlent... Qui sont-ils pour oser interrompre ma méditation? A l'école, j'attends l'heure de la sortie. Dès que la cloche sonne, je me précipite chez moi, et je m'enferme dans ma chambre sanctuaire, et je prie, je prie, visualisant une auréole sur ma tête...

Mon objectif est d'être moniale et de vivre en permanence au Mandarom. Je m'en ouvre à ma mère qui me fait cette réponse extraordinaire :

– Tu feras ce que tu veux quand tu seras majeure...

Avec le recul, on peut dire que Mitti avait de l'humour! En fait, son seul souhait est que je déguerpisse à mon tour, après Nathalie, afin de se consacrer entièrement à son sacerdoce.

Mais, touchant une pension alimentaire, elle se doit de respecter la loi, pour la conserver. Quand mon père sera muté, en Guadeloupe, en 1981, elle tentera de m'envoyer vivre à Toulon, chez une tante, pour y poursuivre ma scolarité. Ça ne marchera pas. Elle sera obligée de me garder auprès d'elle, à Hyères.

Je reprends mon rythme de vie habituel... lever à 4 heures pour les premières prières... petit déjeuner frugal à 6 heures... puis départ pour l'école. Une demi-heure de marche à pied, chapelet sous le poncho, et mantras pour donner la cadence.

On se retourne sur mon passage, et j'en suis fière!

Je ne suis pas comme les autres, et ça se voit.

Les jours défilent, et les week-ends ou les vacances pieuses sont la délivrance, la récompense de tous les sacrifices consentis. Désormais, dès mon arrivée dans l'ashram, je me dirige directement vers le Lotus, avec ma mère. Les autres moniales nous envient, et elles ont du mal à le cacher.

Le Maître est plein d'attentions... par exemple, il connaît les dates des règles de toutes les femmes à son service, dans le Lotus. Une femme qui a ses règles sera en « carence ». Elle ne pourra pas servir le Seigneur durant toute cette période :

– Tu es impure, nous disait-il... tu ne peux toucher ni mes vêtements, ni ma nourriture... tu vas les décharger de leur énergie...

Le Maître tolère parfois qu'une femme ayant ses règles, l'approche avec des gants blancs ! J'ai compris, plus tard, que tout ceci était évidemment du baratin. Bourdin tenait scrupuleusement ce calendrier menstruel, pour éviter de mettre enceinte une de ces victimes, voilà tout !

J'ai su, lors de la confrontation, qu'il n'avait pas toujours pris les précautions nécessaires. Une jeune femme, enceinte du Maître, a dû se faire avorter, dans une clinique de Nice. Son témoignage a été versé au dossier.

Nathalie a obtenu ce qu'elle cherchait. Elle vit avec Patrick et gagne un peu d'argent, en vendant des fleurs. Nous nous voyons peu. Ma mère m'interdit d'approcher cet être possédé. J'obéis, mais je sais, je sens que ma sœur restera ma sœur, malgré les ordres. Et plus tard, quand je subirai toujours plus l'emprise du Mandarom, Nathalie sera encore là, disponible...

Au plus profond de moi, sans que je puisse l'exprimer, j'ai le sentiment que mon existence ne peut se limiter à la dévotion et que je ne dois pas me couper du monde, si je veux le sauver...

Nathalie a l'air heureuse, j'ai besoin de ressentir sa joie de vivre autre chose, et donc de la voir.

Ce jour-là, au retour de l'école, j'ose affronter ma mère...

– Ce week-end, je ne monte pas au Mandarom, je vais voir Nathalie...

Le visage de Mitti se ferme immédiatement, et sans me regarder...

– Tu feras ce que je t'ordonne de faire, tu viendras avec moi au monastère...

– Mais... Mitti (elle m'interdit désormais de l'appeler maman)... je consacre tout mon temps à la prière, j'honore le Seigneur mieux que toutes les autres, ça ne changera rien à ma foi de passer un peu de temps avec ma sœur.

– C'est interdit, tu le sais, ta sœur est sous l'emprise du mal... ce n'est plus ma fille, donc ce n'est plus ta sœur !

– Je n'irai pas à l'ashram...

– Je t'enfermerai dans la voiture, s'il le faut, mais tu viendras !

Son regard est noir, je ne dis plus rien... c'est pas gagné !

La nuit venue, les prières m'aident à lutter contre le

sommeil, et à 1 heure du matin, je décide de passer à l'action. Ma chambre est proche de l'entrée... la porte de la chambre de ma mère, d'habitude fermée, est ouverte... Mitti est prévoyante. Mes chaussures à la main, sans respirer, j'atteins la porte d'entrée... verrouillée... la clé, reliée à un trousseau, est engagée dans la serrure. Il me faut près de vingt minutes pour ouvrir... la peur ça n'aide pas!

Dans la cave, je trouve mon vélo, et me voilà partie pour l'aventure. Quinze kilomètres, en pleine nuit, sur les routes du Var. Si ma mère s'aperçoit de ma fuite, elle me cherchera sur la Nationale avec sa voiture. Donc j'emprunte les petites routes, plus périlleuses certes, mais le principal danger n'est-il pas Mitti?

Vite m'éloigner, mettre le plus de distance entre elle et moi... et je pédale...

La chance est enfin avec moi, je ne croise personne sur la route.

Puis soudain, derrière, un bruit de moteur... ma mère?... non, une camionnette qui ralentit et me suit pendant quelques centaines de mètres. Il y a deux types dedans. Mon cœur bat à cent à l'heure... moi, malgré mes efforts, je ne dépasse pas 30 au compteur. J'appuie plus fort sur les pédales comme si je pouvais échapper à mes poursuivants, car je ne doute pas qu'ils vont m'attaquer... Dans ma poche, j'ai une bombe à gaz paralysant... on se rassure comme on peut!

La panique... la camionnette est maintenant à ma hauteur, c'est l'hallali... Je ne regarde pas, puis j'entends une voix :

– Florence... qu'est-ce que tu fous là, à 1 h et demie du matin?

C'est pas vrai... c'est Patrick, l'ami de Nathalie, qui revient du foot, avec un copain... Merci, mon Dieu, je suis sauvée.

On embarque le vélo dans la camionnette, et quelques minutes plus tard, nous sommes chez Nathalie. Je raconte. Ma sœur est stupéfaite :

– Toi, tu as fait une fugue... attends, je rêve... et la mère... elle va retourner ciel et terre pour te ramener chez les fous.

– Non hélas, elle se doutera que je suis chez toi, elle va pas chercher bien loin...

– Ecoute, on verra bien... en attendant, va dormir un peu, tu auras besoin de toutes tes forces...

Elle ne croit pas si bien dire, la frangine.

La furie est là dès 6 heures du matin, frappant à la porte en hurlant :

– Ouvrez-moi... Florence, je sais que tu es là...

C'est Nathalie qui lui ouvre, et avant même qu'elle réagisse, attaque :

– Ici, tu es chez moi, et donc, tu ne gueules pas... assieds-toi, prends un café et on va parler calmement...

Je reste cachée, comme me l'a conseillé Nathalie.

– Monte toute seule au Mandarom, Florence passe le week-end avec moi, tu la récupères lundi...

Efficace encore une fois, Nathalie parvient à convaincre Mitti, qui repart.

Ma fugue, si courte, sera la seule... l'administration pénitentiaire du Mandarom ne me délivrera plus de permission de sortie...

En fait, ce bout de liberté, si chèrement acquis, va causer ma perte. Le fossé séparant Florence la nonne et Florence l'enfant, les deux parties de moi-même, ne sera jamais aussi grand. Je serai tiraillée en permanence entre mon envie de connaître autre chose, et la culpabilité qui est la mienne d'oser simplement penser à trahir le Seigneur.

Car si l'on en croit le Seigneur, les traîtres sont partout autour de lui. Chevaliers ou moniales, habillés de blanc ou de jaune, bâtisseurs ou cuisinières, mystiques ou magiciens, tous subissent des assauts démoniaques, qui n'ont d'autre but que d'atteindre le Maître du Mandarom.

Par ses fidèles, on veut abattre le grand sage, grand combattant, sauveur de l'humanité, guide suprême, Hamsa Manarah... Comme ce couple d'origine chinoise, très fervent, auquel, sans crier gare, le Maître va attribuer le titre peu enviable de « calqué ». C'est d'abord le mari qui sera successivement qualifié de « négatif », « perverti par des entités démoniaques », puis tout simplement « possédé ». Des ennemis invisibles ont investi cet homme, et par lui, persécutent le Seigneur, qui est obligé de se défendre, pour protéger ses fidèles.

Aussi, le couple de Chinois sera reconduit aux frontières du Mandarom. Nous ne le reverrons plus ! En fait, c'est Bourdin qui avait « possédé » la femme du Chinois. Et le jaloux avait voulu faire la peau au « divin violeur ». Sentant le danger, Bourdin a préféré se débarrasser de cet ingrat, et de sa femme !

Désormais, le Maître ne se déplace plus sans ses

gardes du corps. Il sort de moins en moins de sa maison Lotus. Finies les conférences, les enseignements ou les rituels. Officiellement, le Maître mène le combat de la dernière chance pour sauver l'humanité. Il a besoin de sérénité pour que ses immenses pouvoirs anti-diable puissent s'exercer. En réalité, il connaît fort bien les femmes qu'il a violées... et ne veut pas connaître leurs maris ! Un mauvais coup est si vite arrivé...

Certains chevaliers, hommes rebelles ou femmes insoumises, sont parfois condamnés à la torture et à l'humiliation que représente le décalquage, l'exorcisme en public. Horrible !

Le champion du genre, c'est Mocita... sorcier en chef, « nègre » et inspirateur du Maître, magicien et voyant, héritier spirituel du Seigneur, et à ce titre, grand ordonnateur des rituels. Des rituels qui dès 1982, n'ont plus rien de mystique.

On ne médite plus, on prépare la guerre ! Guerre totale contre une multitude d'ennemis visibles ou invisibles. On ne prie plus, on concentre des énergies positives mais destructrices qui neutraliseront des forces du mal, dont nous ne savons rien.

Mocita lui, sait. Sous ses airs chafouins et ses yeux en voyage, il les voit. Manipulateur hors pair, il cultive à merveille la paranoïa de Bourdin. En coulisse, le sorcier et son Maître ont désigné les victimes et soigné la mise en scène.

La noyade... c'est ce que je vis en ce moment. Voilà des heures que nous enchaînons les mantras de protection pour notre Seigneur. Depuis peu, aux textes consacrés jusque-là à Bouddha ou Vishnou nous avons dû rajouter le nom d'Hamsa Manarah. Rien que de plus naturel, pour nous, il est bien la réincarnation d'un grand saint.

Je ne sens plus rien !

Une heure auparavant, mon épuisement était tel, que seule la peur d'être humiliée par le gardien du temple, armé de son bambou, m'a empêchée de m'endormir. Désormais, je n'ai plus mal au dos, mes genoux sont anesthésiés par la douleur, ma tête s'est détachée de mon corps, et elle flotte, comme les vapeurs d'encens qui m'empêchent de distinguer les premiers rangs des fidèles, parmi lesquels on trouve Mitti, celle qui fut ma mère.

C'est une explosion de bruits divers, mixage de roulements de tambours et de clochettes folles... je chante à tue-tête quand le Maître, assis sur la peau de panthère d'Afrique qui recouvre son trône, fait un geste, un seul.

Et Mocita attaque :

– Je sais, je sens que nous sommes cernés par des entités maléfiques, qui en veulent à notre œuvre déjà accomplie, à notre mission future. Tous, chacun d'entre nous, pouvons être porteurs de l'esprit mauvais...

Sa voix devient plus grave, et soudain, il désigne du doigt une femme en prière...

– Cette femme est en danger et donc dangereuse pour notre communauté... elle est calquée... les démons sont en elle... chevaliers, faites votre travail.

Alors, surgissant du fond du temple, quatre moniales se précipitent sur la sœur possédée. Elles sont armées de shaktivels, poignards ornés de miroirs et de verre, et tournent autour de la nonne désignée.

Lançant leurs poignards en avant, en direction de notre sœur, elles font mine d'affronter les démons invisibles, tout en chantant des mantras.

Dans le temple, c'est du délire. Clochettes, tambours et hurlements mêlés, font exploser nos sens. Respirer relève désormais de l'exploit. Je suffoque, le malaise me guette... à tout prix, éviter le décalquage... à l'évidence, les démons m'attaquent aussi... je ne dois rien laisser paraître. Les démons sont coriaces, mais nos énergies combinées en viendront à bout.

Les moniales exorcistes tournent autour de la possédée comme des Indiens autour de leur capture. Elles ont des têtes de folles.

Je regarde la victime. Son visage marque la panique quand les moniales furieuses jouent du poignard un peu trop près de son corps, la douleur quand les clochettes sont agitées à quelques centimètres de ses oreilles, et enfin la soumission quand elle se met à chanter des mantras avec les autres.

Ces séances de torture en public peuvent durer des heures, c'est le Seigneur qui décide. Elles se terminent invariablement par une dernière épreuve, une humiliation de plus. La moniale, débarrassée du démon, supplie le Maître de lui pardonner. Rétrospectivement, j'enrage, en pensant que cette pauvre fille demandait pardon à l'homme qui avait sans doute tenté de la violer, et auquel elle avait osé résister.

Mais, c'est vrai, après tout... le viol est bien le seul crime dont la victime se sente coupable et honteuse, et l'auteur innocent !

Chapitre 6

De ma mère n'émanent que fanatisme, méchanceté et laideur.

Lorsque avec ma mère, nous retrouvons notre appartement de Hyères, nous sommes regonflées à bloc. Les week-ends vécus là-haut sont si intenses et si riches que tout naturellement, nous nous nourrissons en énergies positives pour le reste de la semaine.

Il est surtout interdit de relâcher notre attention, si bien que chez nous, l'appartement est un ashram en miniature. Nous vivons ici comme si nous étions près de notre Seigneur. Il y a des dizaines de photos de lui, accrochées aux murs... tête nue et regard bienveillant, ou portant la mitre sacrée avec autorité, fixant de ses yeux bleus ses fidèles, collectionneurs d'idoles.

Comme en haut, à Castellane, nous baignons dans l'encens, nos lacrymogènes à nous, pour repousser les manifestants démoniaques.

Ma mère est toujours en activité, de l'aube à la nuit.

Nos prières du matin commencent à 4 heures, chacune dans notre chambre. Puis, nous nous retrouvons à 6 heures, dans la chambre de ma mère, pour les ascèses collectives. Un vrai temple, cette pièce ! Des symboles, des armes magiques, des photos d'Hamsa Manarah, une bougie pour seule lumière, et toujours, toujours, obsédante, cette odeur d'encens. Par la pensée, nous nous transportons au Mandarom, où nos frères et sœurs rassemblés dans le grand temple, entrent aussi en communication avec nous.

Je les visualise, je prie avec eux, j'entonne les mêmes chants, et ainsi je ne les quitte jamais. L'harmonie dans la purification !

Dès mon retour de l'école, je rejoins ma mère qui a entrepris la fabrication d'un nouveau symbole de protection pour notre Seigneur.

Je passe des heures à faire de la pyrogravure sur une planche de bois. Bien sûr, je ne fais plus mes devoirs. Le temps me manque.

Et le Maître me parle ! Pendant que nous travaillons, un magnétophone tourne. La voix du Seigneur tonne dans l'appartement. Le son est poussé au maximum... « Je ne suis pas ce corps, je suis le Moi suprême... je suis le Moi suprêêêêême »... les murs tremblent, moi aussi.

Il n'y a plus de mère, plus de fille, il n'y a que deux sœurs, en quête d'absolu. Pas un geste ni un mot d'affection entre nous. Maîtriser ses sentiments et ses émotions est une des règles du bon chevalier.

Aucune digression n'est admise, nous n'avons pas de temps à perdre. Un grand malheur va s'abattre sur notre pauvre Terre... c'est le Maître qui l'a prédit. Il annonce l'apocalypse depuis plusieurs années, rien ne se passe, mais nous ne doutons pas un seul instant que notre travail de protection, aux côtés du Seigneur, a sauvé le monde.

A Hyères, ma mère vient de rebaptiser son club de yoga. A l'entrée, on peut lire « Hamsa Yoga ». Mitti est responsable du Pôle de lumière de la ville, la succursale et le centre de rabattage de nouveaux adeptes pour la secte. Pour le faire fructifier, ma mère prie tous les matins Lakshmi, la déesse de l'argent. Tout étranger que nous considérons dangereux pour notre mission ne pourra s'approcher du Pôle de lumière. Quatre fois par semaine, nous recevons des nouvelles alarmantes du Mandarom... Le Seigneur a été attaqué par telle ou telle entité démoniaque. La communauté nous envoie le texte de nouveaux mantras à réciter, plusieurs fois par jour, pour protéger Hamsa Manarah.

Sur un cahier, je dois préciser le nombre de prières que j'ai prononcées dans une journée et transmettre les résultats à Castellane.

Je me souviens de ces retours d'école, où, récitant mentalement mes mantras, j'entends mes copines programmer une sortie au cinéma. Pour le chevalier que je suis, les salles obscures sont secouées de mauvaises vibrations... cinéma interdit!

Comme le dit si bien Mitti... « se recentrer sur l'essentiel, voilà le secret ».

Quand nous ne travaillons pas à inventer des objets ou des armes pour le Seigneur, nous achetons pour lui. Le marché aux puces de Toulon est une mine. Dans ce capharnaüm coloré et bruyant, paradis de tous les trafiquants, nous avons trouvé et offert à notre gourou, une peau de lynx, un œuf d'autruche, des griffes de lion, des cornes de rhinocéros et de phacochère et même un crâne humain.

– Le Maître en a besoin pour certaines ascèses... disait ma mère.

Un crâne... que peut-il en faire?... je ne comprends pas bien. Je sais en revanche, que ce crâne a gâché mon voyage vers le Mandarom. Je m'attendais, à tout moment, à voir l'entité abritée dans cette cavité osseuse, nous attaquer avant que nous ne puissions atteindre le site protecteur. Mitti, elle, n'a pas l'air inquiète. Elle chante ses mantras, persuadée que le quadrilatère de protection que nous avons fait aux quatre coins de la voiture, avant de partir de Hyères, est le rempart le plus efficace contre les démons... elle a raison, il ne nous est rien arrivé!

Le Seigneur traverse sa période chaman. Il est bien sûr un grand chaman, réincarnation supérieure d'un de ses prêtres magiciens du nord de l'Asie.

Je me souviens de ce jour où, à peine arrivées au Mandarom, nous sommes alertées par des chants et des sons, inconnus jusque-là.

Ça vient du grand temple.

Mitti s'y précipite, je la suis.

Le bruit est assourdissant et le spectacle inouï.

Moines et moniales sont assis en position de yogi. Il y a ceux qui secouent leurs clochettes, qui martyrisent la peau de leurs tambours, et les autres, qui chantent ou tapent dans leurs mains. Et de temps en temps, pour donner le rythme, le gong dévastateur.

Et au milieu de ce grotesque rassemblement d'illuminés, auxquels je me joins très vite, le Seigneur, méconnaissable.

La tête d'abord. Elle est coiffée d'un chapeau en peau de loup, d'où émergent deux cornes... les sœurs qui l'ont confectionné ont vu un peu grand, la coiffe poilue repose sur les oreilles du Maître.

On voit tout de même ses yeux... si l'on peut dire. Deux impressions bleutées qui naviguent dans ses orbites dilatées. Le Seigneur est en partance vers la quatrième dimension.

Après le chapeau, le costume. Digne d'un bal masqué chez Lucifer ! Le vêtement que porte le Seigneur est entièrement fabriqué en ossements humains. Certains des os sont sculptés de têtes de mort. Un adepte lui a ramené ça du Tibet. Il s'est ruiné, dit-on.

Le cliquetis des métacarpiens reliés les uns aux autres me glace le sang. Le Maître, lui, est en transe. Grimé en sorcier, il danse. Il tourne, et tourne encore, et nous tapons dans nos mains. Le bruit des tambours est de plus en plus fort, les clochettes nous arrachent les tympans, le gong nous achève. Le Maître est en transe.

Maintenant, il saisit une arme cosmique, un vajra, et simule un combat avec des entités démoniaques. Son emprise s'étend désormais sur tous les plans de la nature, le monde végétal, animal et humain. La chorégraphie est sommaire, mais le regard du Seigneur explicite : il a disjoncté !

Le peu d'argent que nous possédons est consacré aux achats d'offrandes pour le Seigneur.

Peu importe si nous devons nous contenter de pâtes ou de patates à tous les repas, le protecteur de la Terre ne doit pas attendre.

Au Mandarom, nous avons une conception particulière de l'argent. Le Seigneur part du principe que celui qui veut en trouver, en trouvera. Il échouera s'il n'a pas la bonne attitude. Aux yeux du Maître, le chevalier idéal est celui qui dépense, pour la mission, l'argent qu'il n'a pas !

Le marché de Toulon est inépuisable. Ma mère a englouti l'argent de ses cours de yoga, la pension alimentaire, et une partie de la retraite de mémé (elle lui envoie de l'argent tous les mois), pour acheter une peau de loup !

Tous les jours, durant des semaines, dès mon retour de l'école, j'ai travaillé sur cette peau. J'y ai cousu des queues de renards et des ossements et à l'aide de mon pyrograveur, j'ai orné l'intérieur de la peau de dessins symboliques et de mantras de protection pour notre Seigneur.

Quand il portait sa cape en peau de loup, pour des rituels chamaniques, tout le monde savait qui avait réalisé ce costume, et j'étais fière. Et ma mère aussi, qui, pour s'identifier toujours plus à son gourou adoré, va créer et utiliser un chapelet en ossements humains.

Dans ma vie, plus rien n'a d'importance. Le monde change, un nouveau président de la République française est élu depuis un an, je ne le savais même pas.

Pour moi, la force tranquille est représentée par Hamsa Manarah, voilà tout.

Le soir, après l'école, où j'attends la fin des cours en priant, je me réfugie dans ma chambre, pour y faire mes devoirs. J'ouvre mon placard, allume une bougie et je vois la photo de mon Seigneur. Sans la quitter du regard, je récite ma leçon : « Je suis divinement protégée, inspirée, éclairée et guidée, rien ne peut porter atteinte à l'intégrité de mon être, parce que je suis sous la protection de la lumière blanche du Christ cosmique et de mon divin Seigneur Hamsa Manarah. » On appelle ça une affirmation.

Bientôt le « et » va disparaître, Hamsa Manarah et le Christ ne faisant qu'un !

Invariablement, j'enchaîne avec une supplique : « Seigneur, ouvre la voie pour que se manifeste le dessein de ma vie, que le génie qui est en moi soit libéré, que j'en saisisse le plan parfait. Om, Om, Om. » Ces prières, complétées par des mantras, je les débite à voix haute à la maison, mais je les utilise, mentalement, toute la journée.

Sur le chemin de l'école, en classe, quand une copine m'agresse dans la cour de récréation, ces mantras me préservent, même s'ils ne retirent rien à ma culpabilité. Le Seigneur le dit : « Si vous suscitez l'agressivité autour de vous, c'est que vous n'avez pas la bonne attitude, et que vos ascèses ont été bâclées. Mais il ne faut pas désespérer, ces moments difficiles sont des étapes normales d'un parcours initiatique. Vous devez en passer par là et continuer à travailler, toujours plus. »

Depuis que je suis au service du Seigneur, dans la maison Lotus, j'ai l'impression irrépressible d'avoir quitté ce monde. Morte à l'autre vie, mais sans souci. Certes, quand dans mes songes, je revois le Seigneur à moitié nu, m'épingler sur son tableau de chasse, comme on le fait d'un papillon, quand il s'enfonce dans mon corps d'enfant, ces rêves sont toujours des cauchemars.

Mais au réveil, par la prière obligatoire, sous la surveillance étroite de ma mère, j'efface les images d'horreur et n'en conserve que le côté divin. Je dois me persuader que le Maître doit passer par tous les plans de la vie terrestre afin de se placer au-dessus. L'expérience sexuelle qu'il m'a fait partager, dans son immense générosité, fait partie de sa mission, et donc de la mienne.

Au cours de l'année 82-83, je suis complètement fanatisée. Quand, par malheur, il m'arrive de penser à mon père, sous le soleil des Antilles, ou à ma sœur Nathalie, qui vend ses fleurs, j'en suis malade. Je n'ai pas le droit de m'égarer. Alors, pour me faire pardonner par le Seigneur, qui sait lire dans les pensées, je maudis mes ennemis. Mon père et ma sœur, démoniaques, en font partie.

Je visualise un furbhù, arme cosmique à lame pointue, surmontée d'une tête de monstre courroucé, et la projette, à travers l'espace, vers les êtres que je dois détruire. Ainsi, à distance, ai-je tenté de tuer mon père des dizaines de fois. Par bonheur, j'ai raté mon coup, il est toujours là, et aujourd'hui, il peut entendre ce qu'au fond, je n'ai cessé de dire durant ces années passées en prison : « Papa, je t'aime... »

Mais à l'époque, nous devons éviter toute pollution de l'esprit.

De Mitti n'émanent que fanatisme, méchanceté, et laideur.

Elle, qui fut mince et jolie, s'est transformée en une chose ronde et massive. Son visage est dur, elle ne sait plus ce qu'est un baiser ou un sourire, elle ne sait plus donner, sinon à son Maître.

Ce jour-là, le facteur nous porte un paquet. Surprise. En général, nous ne recevons pas de courrier, excepté celui du Mandarom. Mitti a l'air renfrogné des mauvais jours. Elle est nerveuse quand elle ouvre le colis, et pousse un cri d'effroi à la vue de ce qu'il renferme : des cadeaux... trois ou quatre petits paquets dans du papier doré, comme à Noël, autrefois. Au-dessus des cadeaux, un carte représentant un lagon tout bleu et une plage de palmiers. Au verso de la carte, écrit à l'encre noire, en gros caractères, un énorme « Bon Anniversaire », signé « Ton Papa ».

Je ne réagis qu'à ce moment-là... nous sommes en mars, j'ai seize ans aujourd'hui, et papa, si loin de moi, est le seul à y avoir pensé. Depuis quelques mois, je n'ai plus aucune notion du temps, la mission m'a tout pris, même ça !

Deux larmes roulent sur mes joues... Papa m'a envoyé une montre et un baladeur, un collier et un bracelet antillais.

Je m'apprête à les essayer quand ma mère me les arrache. D'un même mouvement, elle remet tous les paquets et le papier doré dans le carton d'expédition, se dirige vers la cuisine et jette le colis dans la poubelle.

Je suis là debout, tétanisée... Pourquoi, pourquoi faire ça ?

– Cet être est démoniaque, il n'est plus ton père, tu le sais bien, tu ne dois plus rien attendre de lui. Tu appartiens au Seigneur, rien ne doit te faire dévier de ta voie, surtout pas cet homme impur, qui s'est associé aux sorciers antillais pour attaquer notre Seigneur.

D'une voix rauque, Mitti a apporté la réponse à ma question. Papa ne sera plus jamais papa. A plusieurs reprises, le Seigneur avait évoqué les attaques qu'il subissait de la part des sorciers de Saint-Martin, aux Antilles. Or, papa était gendarme là-bas. Pour notre Maître, la coïncidence était troublante. Pour ma mère, il n'y avait pas de doute, son ex-mari s'était joint aux troupes des Caraïbes, pour abattre Hamsa Manarah. J'ai compris, des années plus tard, que Bourdin redoutait le retour de mon père, qu'il fallait tenir éloigné de moi, afin qu'il ne sache pas que le vieux gourou avait violé sa fille.

En attendant, ce jour de mes seize ans, résignée, tête basse, je regagne ma chambre. Il n'y a plus de lit, simplement un tapis, comme celui des nonnes du Mandarom, que je souhaite rejoindre un jour prochain, pour ne plus les quitter.

Là, je m'agenouille et tout en pleurant, je visualise des bombes de lumière que j'expédie outre-Atlantique pour détruire le démon des Antilles, mon père.

J'en suis là de mon combat, quand la sonnette de la porte d'entrée me réveille. Je sors de ma chambre et rejoins ma mère qui n'a pas ouvert...

– Qui est là? demande-t-elle méchamment.

– C'est moi, c'est Nathalie...

– Qu'est-ce que tu veux?

– Je viens porter un cadeau d'anniversaire à Florence, ouvre-moi, j'ai un plâtre à la jambe droite, et j'ai besoin de m'asseoir un peu.

– Non, tu n'entres pas, et Florence n'a pas besoin de tes cadeaux, tu n'es plus sa sœur, tu n'es plus rien.

Ma mère est livide et elle hurle. Je recule d'un pas, comme si je ne voulais plus entendre.

– Pauvre mère, tu es encore plus folle que je croyais. Florence restera ma sœur quoique tu penses, malgré ton gourou d'opérette, et même si je ne suis plus ta fille, comme tu dis.

Pendant quelques secondes, j'ai perçu le bruit des pas incertains de ma sœur boitant dans l'escalier, puis plus rien.

Ma mère a enfin ouvert la porte. Se balançant, accroché à la poignée, un petit paquet. Il a fini, comme ceux de mon père, dans la poubelle. J'ai su, quelques mois plus tard, que Nathalie m'avait offert un flacon d'eau de toilette.

Et ce jour-là, jour de mon anniversaire, jour de joie, ma mère a exigé de moi que je maudisse mon père et ma sœur, venus simplement me dire qu'ils m'aimaient...

A mon retour dans la maison Lotus, le week-end suivant, je suis mal à l'aise. J'étouffe dès que la porte claque derrière moi. J'ai de plus en plus de mal à supporter l'enfermement, et je suis volontaire pour toutes les corvées extérieures qui me permettront de sortir de cette geôle sacrée.

Par exemple, c'est moi qui traîne régulièrement les

énormes poubelles du Lotus vers le dépôt d'ordures, à quelques centaines de mètres de là. C'est très dur, mais là au moins, je respire.

Dans la petite communauté des servantes du Seigneur, la tension est extrême. Une d'entre elles, Yogasta, semble complètement abattue. Elle erre de pièce en pièce, son pas est lourd et son visage blême. Je devine sans peine qu'elle a dû subir les foudres du Seigneur. C'est le cas.

Hier, notre Maître a eu des invités. Yogasta était en charge de la préparation du repas. Alors qu'elle le rangeait, un plat lui est tombé des mains. Le bruit a, semble-t-il, dérangé le Seigneur qui a déboulé dans la cuisine... « Yogasta, ce que tu viens de faire est le signe de ton agressivité envers moi... la bonne attitude exige que tu travailles en silence... tu n'as pas besoin de te faire remarquer de ton Maître... tu portes déjà sur ton front la marque du diable, tu dois donc être plus vigilante que tous les autres chevaliers... Satan est en toi... »

Avant que Yogasta ne demande le pardon réparateur, le Seigneur avait disparu, rejoignant ses invités. Yogasta, qui avait trente-cinq ans à l'époque, était pourvue de deux bosses disgracieuses sur le front. Pendant des années, le Seigneur l'a torturée en public, affirmant que ces bosses qu'il avait rebaptisées cornes, étaient la marque du diable. A chacun de ses écarts, Yogasta était présentée à l'ensemble de la communauté comme une femme possédée. Son calvaire fut permanent.

L'autre souffre-douleur du Lotus, c'est Modini. Une petite blonde qui rougit dès qu'on lui parle un peu trop fort. Le Seigneur semblait jouer avec elle, au gré des circonstances. Comme nous toutes, elle était sa chose.

Ce soir, dans la cuisine, nous finissons les derniers rangements, quand le Maître entre.

– Om, Seigneur Hamsa Manarah, Om...

Il s'approche et caresse les cheveux de Vibhuti, une grande brune qui aurait pu être belle, si elle avait su sourire.

Puis, il fixe Modini d'un regard faussement rassurant. La fille baisse la tête et rougit déjà.

– Dis-moi, Modini, tu as une culotte de quelle couleur, aujourd'hui ?

Modini ne lève pas les yeux, ne répond pas.

– Montre-moi ta culotte... insiste le Seigneur en s'approchant d'elle.

Toutes les filles sont comme moi, stupéfaites. Modini, statue rouge, semble ne plus respirer.

Alors, le Seigneur fait un dernier pas vers elle, et sans hésitation, d'un geste violent, baisse le pantalon de la moniale, découvre une culotte blanche, banale, et comme il l'avait fait pour moi, à mon arrivée dans le Lotus, lui pince le sexe, à travers le tissu. Enfin, visiblement très content de lui, il repart dans sa chambre.

Durant quelques secondes, Modini reste sans bouger, ridicule avec son pantalon aux genoux et sa culotte sur ses cuisses couleur lait. Puis d'un geste las, elle se rhabille, et sans nous regarder – elle n'ose pas – elle quitte la cuisine.

Je me demande encore aujourd'hui si Modini, ce jour-là, n'a pas eu envie de tuer son tortionnaire...

Dans le Lotus, tout me gêne désormais, et je dois multiplier les mantras pour réprimer ce doute qui s'installe en moi, insidieusement.

Quand j'ouvre la porte verrouillée d'une cellule toute proche, officiellement réservée aux moniales, je me demande ce qu'un grand saint, ancien ermite, peut bien faire de ces centaines de bouteilles de vins fins, stockées dans cette pièce secrète.

Quand un homme, que nous vénérons au point de le suivre dans les chemins les plus tortueux, affirme qu'il n'a nul besoin de paraître pour exister aux yeux de ses disciples, je m'étonne de le voir défiler devant ses servantes, comme un top model devant le Tout-Paris, dans des tenues festonnées d'or et d'argent, et demander aux couturières béates :

– Comment me trouvez-vous ?... Et ça durait des journées entières.

Le doute est là, mais je le neutralise immédiatement, avant qu'il ne se développe, avant les métastases. Et je prie, je prie, pour ne plus penser. Ne plus penser par exemple que c'est moi qui ai brodé tous les symboles de protection qui ornent les tricots de peau du Maître... ces « marcel », qu'il garde sur lui quand il me viole !

Combien de fois ai-je eu l'envie de dire la vérité aux galériens qui trimaient dans le béton ? Je courais derrière le Seigneur, une Thermos de café glacé à la main, lorsqu'il inspectait les chantiers. Je voyais les chevaliers épuisés et amaigris, honorés par la présence divine du Maître, l'entourant, espérant un Om de bénédiction. J'aurais pu leur révéler la tromperie, j'aurais dû leur raconter la vie d'Epicure que menait leur « Seigneur », je ne l'ai pas fait.

Je ne me sentais pas le droit de juger celui que je prenais pour Dieu revenu sur terre. Je réprimais le bon sens, et j'allais bientôt le payer. Mais de bon sens, il n'y avait pas... qu'un sens unique, celui de la dévotion aveugle.

Aveugle au point de participer à des rituels de plus en plus délirants. Celui des mauvais génies, par exemple...

Il est un type d'hommes que le Seigneur déteste, c'est le type inspecteur du fisc. Sans doute est-ce pour conjurer le mauvais sort qu'il a recruté Bernard Tong Viet, ancien inspecteur des impôts, devenu chevalier du Lotus d'or et que la France entière a connu, un masque blanc sur le visage, se faisant appeler Robert Matthieu.

Le grand pourfendeur de « l'Etat pompe à fric », a certainement rendu de fiers services au Seigneur, qui ne savait plus comment enrayer les attaques démoniaques des fonctionnaires des finances.

Dans le Lotus, nous avons tout tenté, aux côtés du Maître, même le coup des bouteilles. Sur des bouts de papier, nous inscrivons le nom de tous les inspecteurs un peu trop curieux. Chacun de ces papiers est plié et introduit dans une bouteille, soigneusement rebouchée.

Nous possédons les photos des inspecteurs – dès qu'un visiteur franchit le portail d'entrée du Mandarom, il est photographié, ça peut toujours servir– nous visualisons ces visages et nous chantons des mantras de destruction auxquels nous ajoutons les noms de nos ennemis.

A la fin du rituel, le Seigneur sort vainqueur du

combat, comme par magie, comme d'habitude. C'est sans doute pour cela qu'il n'a jamais eu d'ennuis depuis plus de vingt-cinq ans !

A moins que le secret de notre réussite n'ait rien à voir avec des entités négatives coincées dans des bouteilles, mais avec des bulletins de vote positifs dans les urnes de la mairie de Castellane.

Si les pratiques du Mandarom ont évolué au fil du temps et des délires de Bourdin, le rituel des élections, lui, n'a pas changé. Fillette déjà, j'assiste aux réunions de résidents, présidées par le Maître, où les chevaliers arrêtent leur stratégie électorale.

C'est immuable, le Maître entame tous ses meetings électoraux en évoquant la mission, tout ce que nous avons réalisé, tout ce qui nous reste à faire, pour sauver la terre de la destruction à laquelle elle est promise. Les chevaliers résidents sont tout de suite plus attentifs.

Puis le Seigneur attaque :

– Vous savez les difficultés que nous avons avec l'administration pour la construction de nos bâtiments. Nous avons construit sans permis, et tout notre travail consiste aujourd'hui à faire régulariser ces constructions, nos temples en particulier.

Nous avons réussi avec la maison Lotus, que j'occupe. Pour cela, la mairie de Castellane, M. Boniface surtout, qui est un ami de notre cause, nous a beaucoup aidés. Il est très en vue au Conseil général des Alpes-de-Haute-Provence. Or, il n'est pas du tout sûr d'être réélu pour les élections municipales. Bien sûr, dans le secret de l'isoloir, vous voterez pour qui vous voulez, mais si vous n'êtes pas contre la mission, votre âme vous guidera, Om mes frères.

Le Mandarom a obtenu une dérogation. Les quarante résidents du monastère ont pu s'inscrire sur les listes électorales de Castellane. Ils n'auront même pas besoin de se déplacer jusqu'au village. Ils voteront au hameau de la Baume.

Je revois encore les permanents de l'ashram, en tenue monacale, descendre en procession vers la Baume, et comme un seul homme, aller assurer la réélection du maire M.Boniface et, en conséquence, de ses amis du Conseil général. Bien souvent, les 40 voix des chevaliers du Lotus d'or ont été déterminantes.

Voilà comment le citoyen Gilbert Bourdin achetait sa tranquillité. On sait aujourd'hui les amis « bien placés » qu'il avait, à la préfecture avec M.Leurquin – courriers et témoignages sont sans équivoques –, ou au Conseil général.

Un moine bâtisseur, qui a témoigné devant la justice, va plus loin. Il affirme avoir assisté au versement d'un pot-de-vin – sous forme d'une enveloppe – à un entrepreneur, maire d'un village de montagne et membre influent du Conseil général.

Grand démocrate, Bourdin savait aussi être très persuasif!

En cette fin d'année 82, le Seigneur semble agacé. Des couples de chevaliers, de plus en plus nombreux, lui demandent audience. La crise couve, il faut l'enrayer. Après les entretiens, parfois très longs, le Maître fait ses commentaires devant un parterre de servantes assises près de lui, sur des coussins.

« Dans tout travail initiatique, il y a des épreuves, des obstacles... et parfois, je vous l'ai déjà dit, les premiers obstacles sont dans l'entourage immédiat du chevalier. Il faut contourner ces empêcheurs d'avancer... ou les oublier... chez ce couple que je viens de recevoir, par exemple, c'est le mari qui se plaint de ce que sa femme le délaisse à mon profit... il n'a pas la bonne attitude... s'il persiste dans cette voie négative, et dangereuse pour notre cause, je devrais l'éliminer. »

Parmi toutes les femmes entrées au service de Bourdin, au cours de ses vingt-cinq ans de règne, la plupart ont été poussées au divorce, leurs maris n'ayant pas perçu toutes les subtilités du tantrisme, ou n'ayant pas supporté le récit que faisaient leurs femmes des expériences sexuelles tentées par le Seigneur, dans sa grande bonté.

Combien de familles, comme la nôtre, ont éclaté sous l'action conjuguée des manipulations et des artifices programmés par Bourdin et ses hommes, puis par le viol des corps, après celui des âmes.

Dans le Lotus, la concurrence et l'agressivité entre les moniales sont de plus en plus frappantes. C'est la guerre de séduction, et le Seigneur, objet de toutes les attentions, semble jouir à la vue de ce spectacle lamentable.

La victime la plus grièvement atteinte s'appelle Mitti. C'est ma mère. Régulièrement humiliée par le Maître, elle reste pourtant la plus dévouée, bousculant les autres servantes dès que le Seigneur demande une tasse de thé, la plus cruelle, dénonçant la sœur rebelle qui n'a pas eu « la bonne attitude », la plus aveugle, pouvant passer des heures en hypnose devant son Maître qui ne la regarde même pas.

Moi-même, sa fille, ne compte plus à ses yeux. Ma présence à ses côtés, indispensable quand elle cherchait à s'approcher du Seigneur, la gêne aujourd'hui. Elle m'a offerte à son gourou, il m'a mise sous son joug. Mitti considère avoir fait son devoir, et attend la récompense. Si elle pouvait se débarrasser de moi, pour se consacrer entièrement au Mandarom, s'installer dans le monastère, elle le ferait sans hésitation.

Plus tard, quand je me suis éloignée de la secte, j'ai su que ma mère, dégradée par le Seigneur, a été mise en quarantaine. Le hameau de la Baume résonne encore de ses hurlements de désespoir, alors qu'elle était assignée à résidence, dans sa maison, à deux cents mètres du « paradis ».

Bourdin a toujours régné en provoquant la division de ses troupes, distribuant des louanges aux uns, des sanctions aux autres, fustigeant ou caressant. Il expliquait la difficulté d'une démarche spirituelle authentique, mais nombre de chevaliers avaient du mal à vivre l'évolution opérée au sein du Mandarom. On y parlait d'amour et d'harmonie, de connaissance de soi et de protection de la terre. C'était au début. Aujourd'hui, ce ne sont que haine, règlements de comptes, délation.

Malgré sa science de la manipulation, Bourdin a du mal à justifier une telle dégradation. Et les chevaliers doutent de plus en plus... « Les attaques d'entités démoniaques... certes... mais n'avons-nous pas assez lutté, aux côtés du Seigneur, n'avons-nous pas mérité la paix ? »

Quand la gangrène menace, il faut couper le membre malade. Mitti est un de ces éléments dangereux pour la communauté. A plusieurs reprises, Bourdin l'écartera. Elle reviendra en demandant pardon, sera réintégrée, jusqu'au prochain accès de fièvre haineuse.

Jusqu'à la fin de l'année 82, notre vie à deux ne change pas. Nous vivons sous le même toit, sans nous voir, sans nous aimer. Deux robots missionnaires de l'aumisme. Il y a Mitti et Priya, car désormais, j'ai droit à un nom initiatique. Priya veut dire « aimée de son gourou ».

Parfaitement programmées, nous évitons les effusions, interdites, nous oublions fêtes et anniversaires, inutiles, nous ne parlons que de la mission, indispensable.

Nous sommes complètement coupées du monde. Notre territoire, le Pôle de lumière, n'est accessible qu'aux seuls chevaliers. Ma mère reçoit les directives du Mandarom, et ordonne les rituels. Elle s'est transformée en petit chef très efficace.

Il m'arrive encore de penser à mon père. Ma mère est inquiète. Elle a appris qu'il avait regagné la métropole. Et elle multiplie le « travail » sur lui. Je l'ai surprise dans sa chambre, transformée en temple, penchée sur une photo de mon père, qu'elle a transpercée d'aiguilles.

– C'est pour qu'il continue de verser la pension alimentaire... dit-elle.

En réalité, mon père demande à me voir, comme la loi l'y autorise.

– Il est en Corse, il n'a qu'à se déplacer ! ajoute Mitti, espérant qu'il n'en ferait rien.

– Je vais lui faire savoir que tu ne veux plus le voir, on sera tranquille, et le Seigneur sera content...

Je ne dis rien, absente, laissant ma mère décider à ma place, alors qu'au fond de moi, une douleur perce, celle de l'absence de mon vrai père.

Quelques jours plus tard, Mitti m'apprend que papa vient me chercher. Je vais aller passer quelques jours de vacances en Corse. Quelle joie ! Si je ne me retenais pas, comme l'exige le Maître, je sauterais au cou de ma mère, pour l'embrasser. Je vais revoir papa, lui dire à quel point j'ai besoin qu'il m'embrasse, combien ses bras, sa chaleur, et son rire, me manquent. Je veux qu'il sache que dans un coin de mon cœur, il est là, même si on m'a ordonné, tous les jours, de l'effacer de ma mémoire.

Pour les vacances, nous sommes installées dans la maison que ma mère a fait construire, tout près du monastère.

Peu de temps avant l'heure d'arrivée de mon père, je suis en prière dans ma chambre, quand Mitti m'appelle.

– Priya, monte dans la chambre du haut... je veux parler à ton père avant que tu partes...

J'obéis. A peine suis-je rentrée dans la pièce que ma mère la ferme à clé. Je ne comprends pas, je ne proteste pas non plus.

Déchirée entre l'envie de revoir mon père, et la bonne attitude à adopter face à un homme qui, depuis des années, m'est présenté comme une réincarnation du diable. Que va en penser le Seigneur ? Va-t-il me chasser ? Plus le temps de penser... mon père est là.

Au début, de ma chambre-prison, je n'entends que

des bribes de phrases... « ...voir Florence... elle veut pas... tu n'entreras pas ici... qu'elle me dise en face qu'elle ne veut plus me voir... »

Puis le ton monte :

– Je veux voir ma fille, où est-elle ?

– Je te répète qu'elle ne veut pas te voir...

A l'étage, j'écoute, immobile, respirant à peine. Mitti m'a ordonné de rester cachée. Apparemment, mon père n'a pas pu entrer dans la maison, la discussion a lieu sur le pas de la porte. Je n'y tiens plus, je m'approche de la fenêtre. De là, je ne vois que mon père. Il n'a pas changé. Toujours cette même impression de force et de droiture. Tout en parlant, je sens bien que ses yeux me cherchent.

Soudain, il lève la tête. Je ne sais pas ce qui se passe en moi, je recule immédiatement. Il ne m'a certainement pas vue. Quelques secondes passent, le silence, puis un bruit de voiture. Papa est reparti. J'entends ma mère refermer la porte d'entrée, mais elle ne vient pas me délivrer. Sans doute a-t-elle deviné que mon père ne va pas rester sur cet échec. Une demi-heure plus tard, il revient avec deux gendarmes de Castellane. Mitti ressort, et une nouvelle discussion s'engage devant les représentants de la maréchaussée.

Une fois de plus, je m'approche de la fenêtre, et ce qu'au plus profond de moi, je souhaitais sans doute, arrive. Mon père me voit, je le vois. Dix secondes peut-être, une éternité et nos regards se croisent, se parlent.

Il me dit sa souffrance et son amour, je lui réponds que j'ai mal, moi aussi, mais que je ne veux pas le rejoindre, je n'en ai pas le droit. Puis, sans que je puisse les réprimer, des larmes brouillent ma vue. Le temps de m'essuyer les yeux, et mon père est déjà reparti.

J'ai su, quelques mois plus tard, que ces larmes ont à la fois meurtri mon père, et lui ont redonné espoir : il ne m'avait pas tout à fait perdue !

Car ce jour-là, si Priya a fait son devoir de chevalier du Lotus d'or, Florence a lancé son premier S.O.S.

Les jours suivants, Mitti jubile :

– Om, Seigneur, il a perdu, merci Seigneur...

– Que se passe-t-il ?

– Ton père démoniaque a perdu... le procureur de la République lui a mis sous le nez les textes de loi... il ne peut pas te forcer à aller le voir, si tu ne le veux pas... tu as plus de seize ans...

Sur sa lancée, Mitti décide d'achever son entreprise de destruction. Elle demande au juge des Affaires matrimoniales que mon père soit déchu de ses droits.

J'ai été convoquée par ce juge de Toulon, une femme, et cette rencontre sera déterminante. Je me revois, habillée de mon poncho rouge, assise dans un petit bureau qui sent l'encaustique. Face à moi, cette femme qui veut savoir exactement pourquoi je refuse de voir mon père. Parfaitement préparée, je reste fermée, inflexible, je résiste au questionnaire. Au Mandarom, nous sommes formés au mensonge.

Avoir réponse à tout, une explication pour tout, nier l'évidence, c'est aussi protéger le Seigneur et sa mission. Notre conditionnement est tel que nous sommes spécialistes des fausses réponses à de vraies questions.

J'écoute à peine la femme juge et répète intérieurement ce que ma mère cultive en moi depuis des années : « Mon père est un lâche qui n'a pas su faire le travail spirituel qui aurait apporté le bien-être à sa famille et sauvé l'humanité. Il a choisi le monde des désirs au lieu de venir près du Seigneur qui n'est que compassion, sérénité et amour. Qu'il reste en enfer... » Sous cette carapace de haine, je suis inaccessible !

Pourtant, avant que je ne quitte le bureau du magistrat, la jeune juge s'est approchée de moi et m'a dit ces quelques mots que je n'ai jamais oubliés, peut-être parce que toute ma vie d'enfant sacrifiée, je les ai portés en moi :

– Vous savez, Florence, malgré tout ce que vous pensez, ou tout ce qu'on vous a dit de votre père, il restera votre père, pour toujours, et vous n'y pouvez rien, les choses sont ainsi...

Comme si le destin voulait desserrer les liens qui m'unissent au Mandarom, Nathalie se manifeste, deux jours après cet épisode judiciaire. Dans le cadre de ma scolarité, je suis en stage au syndicat d'initiative de Hyères. C'est là que ma sœur me téléphone.

– Prépare-toi, Samedi prochain, je viens te chercher... on se fait les boutiques, un bon petit resto.J'ai touché la paye, on va se faire un petit plaisir...

Ma joie est de courte durée. Comment présenter la chose à Mitti, qui digère très mal l'échec de sa démarche judiciaire contre mon père ?

Un soir, alors que nous travaillons à la confection d'une arme cosmique pour notre Seigneur, je fonce :

– Nathalie m'a appelée et...

– Je sais, elle m'a appelée aussi... grogne Mitti.

– Et alors ?

– Alors, je te mets en garde contre cette fille démoniaque. Elle tente de t'attirer par des artifices, des plaisirs éphémères. Elle fait le jeu des forces de l'ombre. Je t'interdis de la voir... et le Seigneur te dirait la même chose. De toute façon, je serai samedi à la sortie de ton travail et on verra bien qui commande...

Le samedi, Nathalie est là, Mitti n'y est pas.

Ma sœur me serre fort dans ses bras, on rit et on pleure en même temps, fières du tour que nous venons de jouer à notre mère.

Bras dessus, bras dessous, nous partons à l'assaut des magasins, bien décidées à profiter pleinement de nos retrouvailles.

Nous n'avons pas fait cent mètres que, surgissant d'un massif de fleurs, un fauve nous tombe dessus. C'est Mitti !

– Florence ne viendra pas avec toi.

Elle hurle.

– Mais laisse-la respirer un peu, elle a envie de venir, ça ne peut pas lui faire de mal, lui répond Nathalie, avant de se tourner vers moi.

– Dis-lui, toi, Florence, que tu veux sortir avec moi, dis-lui...

– Heu... bien sûr, j'ai envie de venir avec toi, mais... si elle ne veut pas, ça m'embête...

– Bon, eh bien reste, si tu veux rester, moi, je m'en vais, j'ai assez perdu de temps.

Nathalie est repartie, en colère, et moi, petit animal docile, j'ai suivi ma mère jusqu'à la maison, où nous avons prié jusqu'à la fin de l'après-midi.

Ce samedi-là, j'ai bien cru ne plus jamais revoir ma sœur. Nathalie n'a sans doute pas compris cette valse hésitation, mais par bonheur, elle ne m'a pas abandonnée.

Mon armure de chevalier serait-elle fissurée, les tentatives de mon père et ma sœur pour briser ce costume qui n'est pas fait pour moi, entameraient-elles ma détermination, je ne sais. J'ai, en tout cas, de plus en plus de mal à les chasser de ma mémoire.

Sur ce plan-là, mon éducation a été parfaite. Toutes ces années, quand papa ou Nathalie reviennent furtivement dans mes pensées, je les noie dans un flot de mantras protecteurs ou destructeurs, au choix, et je ne les vois plus. Je n'ai plus qu'à poser mes pieds dans les traces que le Seigneur a laissées sur son chemin, les suivre, même si ses pas mènent dans sa chambre, celle du sacrifice humain.

Tout cela a fonctionné pendant presque dix ans, mais aujourd'hui, je me sens lasse, et si je me réfugie dans la prière et la méditation à la première alerte démoniaque, c'est seulement parce que je ne sais pas faire autre chose.

Je m'abandonne parfois, pensant à mon père retrouvant sa Corse natale, celle que j'avais connue toute petite quand nous étions heureux, simplement. Je nous revois en farandole sur la plage, quatre mains serrées pour nous lier, papa, maman, ma sœur et moi.

Je sais par Nathalie que mon père, qui a pris sa retraite

de gendarme, va se remarier. Il m'invite à assister à la fête, je n'irai pas. Mon désir d'y aller est moins fort que ma peur d'affronter Mitti.

Mitti qui, depuis quelques jours, semble ne plus me voir. Je n'existe plus. Elle reste cloîtrée dans sa chambre, et lorsqu'elle en sort, c'est pour me parler d'une mystérieuse fête qui aura lieu bientôt au monastère. Une fête cosmique, la fête du Bouddha.

Tous les chevaliers disponibles, permanents et externes, comme moi, seront là. Certains se sont relayés, jour et nuit, pour prier et rendre hommage à Bouddha et intensifier l'énergie. J'ai eu le privilège de pouvoir pénétrer dans la grande statue de Bouddha, et participer à des ascèses dans un petit temple, aménagé dans le corps du monument, au niveau de la tête.

Des femmes ont préparé les offrandes, destinées au Seigneur... des sachets de riz, des katahs, écharpes de soie ou satin, de couleur orange, qu'elles passeront autour du cou du Maître. Il arrive que le Seigneur pose l'écharpe sur ses divines épaules, avant de la rendre au disciple qui la lui a offerte. C'est, dans ce cas, une bénédiction...

Si le Seigneur n'accepte pas le katah, c'est l'humiliation pour le chevalier offrant.

Dans l'ashram, la psychose règne. Le Seigneur sait que des attaques des forces du mal vont se succéder, pour empêcher la tenue de notre cérémonie cosmique. A son retour d'Afrique et des Antilles, il nous a mis en garde contre les entreprises démoniaques de quelques sorciers. Tous possesseurs de recettes magiques, talismans et grigris, tous capables de faire le mal, à distance. Nous sommes en état d'alerte, et ce d'autant plus que les signes extérieurs de ces agressions démoniaques sont difficiles à percevoir.

Pourtant, la veille du grand rituel, un cri alerte tout le monde. C'est un moine résident qui hurle, en courant vers la maison Lotus de notre Maître.

– Seigneur, un de vos amis est possédé, il a besoin de vous...

Quand Hamsa Manarah arrive, nous sommes nombreux devant les cellules des moines. A nos pieds, semblant souffrir atrocement, un homme noir, est allongé. Son corps est agité de spasmes, de sa bouche sort de la bave. Il dit des mots incompréhensibles, mais nous comprenons qu'il veut tuer notre Maître.

Je reconnais cet homme. Il est arrivé d'Afrique, invité au Mandarom par Hamsa Manarah. C'est un grand sorcier, paraît-il.

En attendant, le grand sorcier va mal.

– Ecartez-vous, ordonne Mocita, cet homme est calqué. Le Seigneur va le soulager de son poids démoniaque...

Le Seigneur s'approche, se penche sur le « possédé », et pendant de longues minutes, récite quelques formules magiques que je n'avais jamais entendues. Peu à peu, l'homme semble retrouver son calme, les spasmes disparaissent, il ouvre les yeux, et sourit au Seigneur.

– C'est fini, mon frère. Va maintenant, et repose-toi dans ta cellule.

Ainsi, notre Maître vient de sortir vainqueur d'un nouveau combat contre les démons. Je le regarde, je l'admire, je l'aime.

Je sais aujourd'hui que tout avait été mis en scène par Bourdin et ses amis sorciers africains. Artifice à double détente : nous étions persuadés que le Seigneur était réellement menacé et que lui seul pouvait lutter contre le diable, sous toutes ses formes. Bourdin seul recours et chef de corps d'armée : on a tous marché !

De même avons-nous cru ce grand chasseur de démons lorsqu'il nous a annoncé d'autres attaques, d'autres victimes, les sorciers africains ayant répandu de la poudre magique un peu partout dans l'ashram.

Manipulateur et paranoïaque, Bourdin n'en poursuit pas moins sa vie de pacha, dans sa maison Lotus. Pendant que le Maître, après une journée de combat intense contre les forces du mal, trouve un repos mérité, des hommes et des femmes veillent sur lui.

Les hommes prient dans le dôme, laissant croire aux ignorants que le Seigneur est parmi eux. Dans la salle à manger, au rez-de-chaussée, des équipes de moniales se relaient, toute la nuit, pour des ascèses de protection, pour notre Seigneur.

Certaines sont au bord de l'épuisement, ne dormant que trois ou quatre heures par nuit. Cela n'empêche pas le Maître de descendre, et de faire signe à telle ou telle sœur de le suivre dans sa chambre. Les plus naïves supposent que la sœur sélectionnée poursuit ses prières auprès du Divin. Les autres, celles qui ont déjà été violées, visualisent une poire à lavement, bleue.

Les effets de ce tourbillon de folie collective continuent à se faire sentir dans la semaine, au lycée. Ma vie est un enfer! Quand un professeur me réprimande, le plus souvent pour me tirer d'une torpeur mystique, incompatible avec les études, c'est l'attaque d'une entité démoniaque.

Dans la cour de récréation, si des camarades m'agressent, je garde le silence, mais intérieurement, je me bats comme un voyou avec ces êtres maléfiques. Je visualise tout ce qui me peut me servir... armes magiques, furbhù ou vajra, talismans de protection en guise de bouclier, je « charge » ma médaille de chevalier du Lotus d'or avec la fiole de santal, qui ne me quitte pas. J'expédie des bombes de lumière dans toutes les directions de l'espace au nord, au sud, à l'est, à l'ouest, au-dessus et au-dessous.

Fixant du regard mes ennemis, je les achève avec quelques mantras bien choisis. Impressionnés, « les démons » battent en retraite, faisant un signe que je ne comprends pas : ils pointent un index sur leur tempe.

Je n'ai pas bougé d'un centimètre, je n'ai pas fait le moindre geste, et pourtant je suis épuisée par ce combat. Epuisée mais coupable. Le Seigneur nous le dit... « Si vous suscitez de l'agressivité autour de vous, si vous ressentez un malaise au contact des autres, c'est tout simplement que votre travail spirituel est mal fait. Prières négligées, concentration insuffisante, distraction coupable... tout ceci fait que vous n'êtes pas assez solide pour affronter des forces du mal qui n'attendent qu'une faiblesse de votre part pour pénétrer en vous et vous éloigner de votre Seigneur... de moi ».

Penser à mon père, à ma sœur, à la vie... diabolique. Dans la chambre que j'ai aménagée dans le nouvel appartement que nous habitons à Hyères, je les oublie. Effacés, évanouis. Je ne pense à rien, ma mission avant tout. Un tapis beige à losanges bleus, voici ma couche. Derrière un paravent qui empêche tout regard indiscret, mon temple. Des photos du Seigneur, des objets symboliques, des chapelets. Sur mon bureau quelques livres. Ils sont tous signés Hamsa Manarah.

Cette chambre d'ermite est mon refuge. Quand je rentre, le soir, après le lycée, je dois faire silence. Désormais, Mitti donne ses cours de yoga dans l'appartement. Elle ne supporte aucun bruit. Je me dirige donc directement vers ma chambre, et je prie jusqu'à 11 heures du soir, sans manger, attendant la fin des cours de ma mère.

Il arrive, comme il le faisait lorsqu'il était aux Antilles, que mon père m'écrive de Corse. Dans ce cas, j'ai ordre de ne pas ouvrir la lettre, et de la brûler. J'ai toujours pratiqué ce rituel de la crémation depuis le départ de mon père satanique, et je n'ai jamais pris garde à la douleur insidieuse, à peine perceptible, que je ressentais à ce moment-là.

Papa était sur le bûcher, impuissant, et c'est moi qui craquais l'allumette, mécaniquement, sans la tête, ni le cœur. Mais depuis mon entrevue avec le juge des Affaires matrimoniales, depuis que papa n'est plus très loin de moi, je sais donner un nom au mal qui me ronge quand je brûle l'écriture de mon père : la tristesse !

Au Mandarom, les sorciers ont pris le pouvoir ! Dans les assemblées, réunions d'informations ou rituels, les chevaliers semblent s'épier, c'est la traque au possédé. Le Maître, toujours flanqué de ses amis d'Afrique, est à la manœuvre.

Selon lui, nous sommes cernés par des ennemis invisibles, téléguidés par des sorciers, qui tentent d'envahir l'ashram, par tous les moyens. Plus tard, nous serons persuadés que des démons pénètrent par milliards dans le Mandarom, par les fils électriques ou téléphoniques, par des ondes sonores. Des pièges, mis en place par des forces de l'ombre, peuvent se refermer sur notre Seigneur, après avoir été déclenchés à distance. La folie paranoïaque a gagné !

Dans le dortoir des femmes, où il m'arrive de dormir, parfois, les nuits sont infernales. Je vis des cauchemars, éveillée. Sortant de rituels, complètement fourbue par la chaleur et les fumées d'encens subies des heures durant, abrutie par les chants et le bruit, je me traîne péniblement jusqu'à mon lit.

Epuisée mais incapable de trouver le sommeil, je m'allonge et j'attends que les tremblements de mon corps s'atténuent, que la douleur lancinante dans ma tête disparaisse. M'endormir... c'est d'abord fermer les yeux... impossible, tout redémarre... l'image et le son, en accéléré. Des capes jaunes et rouges, des clochettes, les tambours, les mantras, les cris.

Ne pas dormir, voilà le salut !

Je ne dors pas, et j'entends.

La respiration des plus chanceuses, celles qui dorment, les gémissements des cauchemars de mes compagnes d'infortune. Et puis soudain, un hurlement. Le signe d'une douleur intense.

Une sœur, le corps déformé par une souffrance qu'elle ne pourrait extirper, présente tous les symptômes de la femme possédée. La terreur dans les yeux révulsés, les spasmes du fou dans sa camisole, et ces cris inhumains qui réveillent toute la chambrée.

Dans les secondes qui suivent, comme si les entités démoniaques visitaient les moniales les unes après les autres, d'autres hurlements résonnent dans le dortoir.

Les sœurs calquées vont se relayer toute la nuit, rivalisant de râles et de convulsions. Je ne dormirai pas. J'attends mon tour, qui ne viendra pas. Sans doute suis-je protégée par le Seigneur.

C'est au petit matin, faisant ma toilette, comme d'habitude, avec de l'eau froide versée dans une bassine, que j'ai remarqué un premier hématome sur une jambe. Une tache brune de quelques centimètres de diamètre sur un mollet. J'ai dû me cogner quelque part, durant mon sommeil agité. Je vois et puis j'oublie.

Je sais, je sens que cette journée qui commence sera un calvaire. Dès les premières ascèses, à 6h30, la tension est extrême. Dans les regards, dans les gestes. Moines et moniales s'épient, attendant le signe des attaques démoniaques. Désormais, c'est sûr, les entités du mal ont investi l'ashram, et nous devrons nous battre à chaque instant.

Plus tard dans le Lotus, c'est Mitti qui se déchaîne. Elle se précipite, bousculant tout et toutes sur son passage, au moindre appel du Seigneur. Ma mère ne voit plus personne, sinon son Maître. J'ai un peu honte de ses yeux cruels, de ses rictus guerriers, de son corps difforme prêt à tout écraser. Où es-tu, maman ? Les autres servantes la détestent, elle n'en a cure. Le salut de son âme mérite tous les sacrifices.

Pendant que nous nous débattons dans les affres de batailles intérieures, le Seigneur poursuit, sans vergogne, avec un certain sadisme même, son œuvre de destruction.

Ce soir-là, après la vaisselle, je suis seule avec Svarga. Nous terminons les derniers rangements, alors que les autres sœurs sont déjà en prières.

Notre Maître entre, très serein en apparence.

Il ouvre le réfrigérateur, en sort un bocal et s'assoit.

– Svarga, donne-moi un bol et une cuillère...

Avant qu'il ait fini sa phrase, le Seigneur est servi. Avec des yeux et une bouche d'enfant gourmand, il pioche dans le bocal une mixture noire, des champignons pimentés, macérant dans de l'huile.

– Vous allez goûter ça, dit-il, ça vient de la Martinique... tiens Priya, mange...

C'est bien la première fois que le Seigneur partage sa nourriture avec moi. Quel honneur, une bénédiction de plus pour Priya, l'élue de Dieu.

Fière et naïve, j'avale une bouchée noire. Une boule de feu ! C'est d'abord la gorge devenue le flanc d'un volcan envahi par la lave en fusion.

Puis, c'est la tête.

La tête traversée par un train à vapeur, sirène hurlante et chaudière en furie.

Et les yeux.

Dilatés à l'extrême, ils ont certainement doublé de volume et sont submergés de larmes. Mon corps est en nage, en quelques secondes à peine. J'hallucine, je devine le Seigneur, assis là, mais je ne le vois plus, noyée dans un nuage blanc. Un spasme incontrôlable secoue le bas de mon ventre.

Puis, peu à peu la brûlure s'atténue, je peux m'éponger les yeux, et constater que Svarga, qui a eu droit aussi à sa cuillère de champignons, est en train de se beurrer une tartine de pain.

– C'est radical, dit-elle, le beurre fait disparaître la douleur. Il faut se méfier de ces champignons hallucinogènes. Si on n'a pas l'habitude, on explose !

Svarga, elle, semble avoir déjà testé la mixture divine. D'ailleurs, alors que je reste vissée à ma chaise, tentant de récupérer, elle est partie rejoindre le Seigneur dans sa chambre, comme presque tous les soirs.

Sans le savoir, sans comprendre, je venais de découvrir ce qu'était un aphrodisiaque. Ce fut la première et la dernière fois.

Chapitre 7

J'ai l'impression d'être marquée au fer rouge

Des semaines qui suivent je n'ai que des souvenirs de souffrances. Souffrance du corps, avec des hématomes qui envahissent mes jambes, sans raison apparente. A ma mère, aux moniales, je cache ces taches noires, dans lesquelles elles ne verraient, à coup sûr, que la marque du diable.

Souffrance intérieure aussi, avec la présence de mon père en Corse, tout près et si loin encore. Paradoxalement, je vivais mieux son absence lorsqu'il était aux Antilles à des milliers de kilomètres. Il était plus facile, pour moi, de me plonger dans la prière et la dévotion au Maître, pour oublier la déchirure. Aujourd'hui, cette nuit, où il ne quitte pas mes pensées, papa est là, et je veux le revoir.

Puis le lendemain, en méditation au milieu des capes rouges et jaunes, voyant ces hommes et ces femmes s'offrant en sacrifice, oubliant tout de leur vie profane, je me dis que mon père est un obstacle à ma démarche spirituelle.

Ce combat entre Florence et Priya, cette épreuve inhumaine, sont quotidiens. Pendant quatre ans, de 1979 à 1983, j'ai réussi avec « l'aide » du Seigneur, à chasser papa de ma mémoire. Toujours prête à dégainer mantras et autres formules magiques, pour tuer dans l'œuf son souvenir. La seule photo de papa que nous ayons à la maison, est transpercée d'aiguilles, et c'est ma mère qui l'a dans sa chambre.

Les murs de la mienne sont recouverts des photos du Seigneur, mon père spirituel... celui qui n'est pas parti. Florence n'a jamais cessé d'aimer son père. Priya, elle, parfait clone de son gourou, porteur de sagesse et de compassion, pratiquait l'I.V.A. l'interruption volontaire d'amour !

A l'école, rien ne va plus ! Je suis en classe, mais toujours en cavale. Je cache tout. Mes œdèmes me font souffrir, au point de m'obliger à m'arrêter parfois, lorsque je marche trop longtemps. Mes jambes meurtries sont insoupçonnables sous mes pantalons. Je suis la seule à savoir.

Les profs parlent, je prie, mes voisins ont un stylo, je me contente du chapelet.

Mitti, qui veille sur moi, ne me laisse aucun répit. Et si elle me dit un jour de décembre... « ton père, le salaud, t'invite pour Noël... » c'est uniquement parce qu'elle sait que la loi l'oblige à respecter le droit de visite. A moi seule de décider...

Depuis l'âge de neuf ans, je suis incarcérée, programmée. On a brisé l'enfant, façonné le chevalier, livré l'adolescente au gourou violeur, et aujourd'hui, on m'autorise à choisir. Et je ne sais pas. Jour et nuit, ce choix m'obsède. Que va en penser le Seigneur ? Ne va-t-il pas dénoncer la trahison ? Après tout, ne suis-je pas son sujet ?

Je décide finalement d'aller en Corse, passer Noël près de Noël, quand je comprends que le Maître est d'accord. Bourdin n'est pas fou, et redoute par-dessus tout que mon père tente une entrée en force dans le monastère pour venir me chercher.

Il préfère lever l'interdiction et paraître généreux lorsqu'il me dit :

– Tu sais Priya, ton père est ton père...

– Mais Seigneur, c'est vous mon père, celui qui compte, près duquel tout est si clair, si simple...

– Tu feras ton choix, plus tard...

Mon conditionnement est tel, mon aveuglement si fort, que le Maître est persuadé que je lui reviendrai très vite.

C'est ainsi que je programme cinq jours en Corse, près de mon père et de sa nouvelle femme.

Pour la première fois de ma vie, je voyage dans un avion, et c'est d'en haut que je redécouvre la Corse. Sa lumière et ses couleurs me ramènent quelques années en arrière, au temps de la vie simple, loin de la magie noire et des démons, quand papa et maman s'aimaient et savaient si bien nous le faire partager.

Quand le commandant de bord annonce notre atterrissage imminent sur l'aéroport de Bastia, l'angoisse me gagne. Mon père va-t-il me reconnaître, sera-t-il fier de me présenter à sa femme, à ses yeux, serai-je comme il m'avait laissée, va-t-il me reprocher mon silence, mes dérobades, les lettres brûlées et les cadeaux jetés ? C'était bien mal le connaître.

J'ai à peine mis le pied sur la terre corse que je le vois. En jean et pull-over, il me regarde avancer dans mon éternel poncho rouge, caché sous un blouson, et mon pantalon élimé. Lui n'a pas changé. La même carrure, le même sourire aussi. Et dans le regard, l'émotion qu'il tente de maîtriser.

A ses côtés, une grande femme, rousse, couverte de bijoux et d'un manteau de fourrure. « Qu'est-ce que c'est que cet engin ? » C'est donc elle, celle qui a remplacé ma mère dans le cœur de papa ? Elle qui sourit, apparemment inquiète, guettant ma réaction.

Nous restons quelques secondes, tous les trois face à face, puis papa s'approche et me tend ses bras. Comme dans les rêves de Florence, que Priya venait toujours gâcher. Je fais un pas vers lui, et disparais immédiatement dans ses bras. J'y retrouve son odeur, sa force maîtrisée, sa chaleur. Il me garde ainsi une minute, peut-être, comme s'il voulait arrêter le temps.

Puis, comme un flot qu'aucun barrage ne saurait contenir, ses larmes mouillent mes cheveux et coulent sur mes joues. Papa pleure son bonheur de me retrouver, et sans le savoir, entame une nouvelle épreuve, celle de la culpabilisation.

Je pleure à mon tour, la grande dame rousse aussi.

– Florence, je te présente mon épouse, Véra...

– Bonjour, Florence, je suis très heureuse et... émue de te connaître enfin.

Et elle m'embrasse. Véra a une voix douce, avec un léger accent étranger.

Je crois que je l'ai aimée tout de suite. Personne, avant Véra, n'avait su m'écouter et me comprendre. Quelques mois plus tard, elle sera ma confidente, partageant tous les secrets de mon calvaire. Je crois bien qu'elle m'a sauvé la vie.

Mais ce jour-là, dans le hall de l'aéroport de Bastia, une voix intérieure s'impose... c'est Mitti... et c'est Priya, l'autre moi, qui l'entend : « Tu verras, ils sont dans le monde de la maya, le monde du désir et de l'illusion. » Elle a raison, ils sont si loin de moi.

Florence, elle, est heureuse, et se laisse porter par la douceur et l'affection, deux mots disparus du vocabulaire « mandaromien ».

Papa et Véra occupent un superbe appartement, dans une résidence de Bastia. Je n'oublierai jamais cet accueil. Dans la chambre qu'ils ont préparée pour moi, des vêtements et des cadeaux sont déposés sur le lit.

A table, du foie gras et du champagne. Priya serait damnée si elle osait y toucher, Florence, elle, ne boude pas son bonheur.

Véra est là, attentive en permanence. Papa me regarde vivre, et semble heureux de mes sourires revenus.

– Comment ça se passe à l'école ?

La question préférée des adultes aux enfants quand ils ne savent pas quoi dire. Papa ne la rate pas !

– Heu... moyennement bien, je fais ce que je peux, on verra bien.

La réponse est suffisamment claire pour que mon père n'insiste pas.

Je m'attends à un interrogatoire en règle sur ma vie quotidienne, les prières à 4 heures du matin, ma vie monacale, les relations avec ma mère. Mais rien ne vient. Sans doute ne sait-il rien de tout cela... Papa a décidé de m'offrir un peu de joie, voilà tout.

Il a quitté la gendarmerie à son retour des Antilles, et travaille chez un concessionnaire automobile.

Véra ne me quitte pas, ne sachant que faire pour moi. Nous passons nos journées à flâner dans les rues de Bastia, à dépenser son argent dans les magasins, à boire du thé et à rire... comme une mère et sa fille.

Je ne montre que l'image de Florence, jeune fille de dix-sept ans, qui prend du plaisir, mais le soir, de retour dans ma chambre, c'est Priya qui ressort de sa valise la photo d'Hamsa Manarah, un livre du Maître, et le chapelet. C'est Priya qui visualise les images de lumière, puis le Seigneur terrassant Satan.

Je prie en cachette, demandant à mon maître de pardonner son chevalier en perdition dans un monde illusoire. Je cache aussi mes œdèmes, qui, curieusement, se font plus rares depuis mon arrivée en Corse. Je ne suis pas bien épaisse, je suis très vite fatiguée, c'est vrai, mais je ne dois rien montrer. Inutile de les inquiéter.

Mon premier vrai Noël depuis quatre ans, je veux le vivre pleinement. Véra a décoré le sapin, comme le faisait ma mère, autrefois. Comme avant, nous avons déposé les cadeaux au pied de l'arbre, nous avons mangé, de tout, et ri, de rien...

J'ai ouvert mes paquets... un superbe tailleur, un pantalon tout neuf (ils ont dû noter l'état de délabrement du mien) des chaussures et une eau de toilette. J'en ai les larmes aux yeux. Papa remarque mon émotion et me serre dans ses bras. Il ignore la raison de ces larmes.

Ces cadeaux me sont interdits.

Papa et Véra sont là tous les deux pour mon départ. Nous nous donnons rendez-vous l'été suivant, nous versons encore quelques larmes, mais je suis déjà repartie vers le Mandarom.

Avant même de quitter la Corse, je me demande comment le Seigneur pourra accepter mes écarts, car il ne fait aucun doute qu'il saura tout de ces cinq jours de dérive. Je reviens vers lui sale et polluée par le monde du vice, persuadée que je serai contrainte à un gros travail de purification.

Dans l'avion, je prépare mes retrouvailles avec Mitti. Sans doute, mieux vaut-il qu'elle revoie Priya plutôt que Florence, la soumise que la rebelle, la nonne que la jeune fille. « Le tailleur, trop féminin ! Je ne pourrai jamais le mettre. Le pantalon, trop voyant. Tout juste puis-je envisager de garder les chaussures... »

Dans la voiture qui nous ramène à Hyères, Mitti m'observe. Elle ne me demande rien, je ne lui dis rien de mon séjour en Corse, auprès du diable.

Comme elle semble très sombre et particulièrement excitée, j'ose une question :

– Comment ça va au monastère ?

– Mal, le Seigneur est sans arrêt attaqué... les sorciers africains, ses amis, s'y mettent à leur tour. Nous sommes chargés de les surveiller discrètement. Nous avons des combats à mener, toutes les énergies seront nécessaires...

Le soir, je retrouve ma chambre-temple, les regards du Seigneur, et l'odeur d'encens. Priya prend sa décision, si douloureuse soit-elle... pour Florence. Demain matin, je jetterai mes cadeaux de Noël... Et au matin, justement...

– Mais ça sent la cocotte, ici... d'où sors-tu ce parfum ?...

Mitti, ne sachant pas parler normalement, hurle, livide.

– C'est un cadeau de papa..heu... de mon père...

– C'est pas étonnant, tu vas me jeter ça tout de suite...

Je suis impardonnable. Comment n'y ai-je pas pensé ?

Je sais pourtant le règlement intérieur de l'ashram. Il est interdit d'utiliser d'autre parfum que celui du Mandarom. Achetées en gros à Grasse, ces eaux parfumées sont rebaptisées avant d'être vendues aux chevaliers. J'ai choisi, bien sûr, celui qui est appelé Hamsa, comme notre Seigneur. Divinement nauséabond !

Les premiers jours qui suivent mon retour du monde perverti, Mitti se déchaîne :

– Chaque fois que tu revois ton père, c'est la même chose. Tu reviens polluée et malade. Je suis sûre que tu as mangé de la charcuterie en Corse, et que tu as bu, tout ce qui est interdit par le Seigneur. Tu n'as accumulé que des basses énergies, et si tu ne veux pas être calquée, réagis vite... tu as trahi le Maître, celui qui t'a tout donné... tu es impure et ingrate...

Chaque mot assené me transperce. Elle a raison, je me suis dangereusement écartée de ma voie monacale, celle que le Seigneur a tracée pour moi depuis huit ans.

Pâtes, patates et tisanes vont me permettre de transmuter les basses énergies, en hautes énergies. Je reprends avec toujours plus d'ardeur mon rythme de vie religieuse. Mes prières sont des suppliques adressées à mon Seigneur. J'en appelle à sa bonté et à sa compassion, afin qu'il me pardonne ce court passage dans le monde du désir. Il ne pardonnera pas.

A mon retour, sans doute sous l'influence de Mitti, le Maître n'accepte plus ma présence dans le Lotus. Il ne connaît pas la Corse, mais en parle comme ma mère :

– La Corse et son système mafieux, cette terre d'élection pour tous les démons de l'univers, terre pervertie... tu en reviendras de ta Corse...

Je marche tête basse, prise en faute, traînant ma culpabilité comme un fardeau. Quand les autres chevaliers me toisent, j'ai l'impression d'être marquée au fer rouge... « Démoniaque »... A l'évidence, Mitti a réalisé un beau travail de destruction. Elle fait ça si bien. Je suis mise au ban de la communauté. A peine suis-je acceptée dans la cuisine de l'ashram, où épuisement et humiliation sont garantis.

Les rares fois où je remets les pieds dans la maison Lotus, c'est pour livrer la nourriture du Maître... en fait, celle de ses servantes. Je ne dois pas rester dans la maison sacrée. Je suis trop chargée en ondes négatives. Un jour pourtant, l'espoir renaît. Alors que je tourne autour du grand Bouddha, le Seigneur me fait signe de le rejoindre dans le Lotus. J'y vais sans appréhension, me disant qu'il ne me touchera plus, puisque je suis impure.

Je le retrouve dans le salon. Il est seul. Je reste debout, à quelques mètres de lui. Il me regarde, je ne lève pas les yeux. Il s'approche, je suis sans force. Alors, il baisse mon pantalon, m'ordonne d'enlever ma culotte.

Le rituel sordide reste le même. Il ôte son pantalon et son slip, mais garde son bonnet pourpre. D'un geste ferme, il m'allonge sur le sol, et sans me voir, pénètre en moi. Trente secondes de silence, trente secondes d'horreur pour Florence, de bénédiction pour Priya.

– Pars, maintenant, et tais-toi, surtout. Les sœurs seraient jalouses si elles apprenaient ce qui vient de se passer, alors que tu es indigne...

Je ne comprends plus rien. Mise en quarantaine par la communauté, serais-je à nouveau Priya, « aimée de son gourou » ? Paumée, je le suis doublement.

Dans l'ashram, ma mère, me considérant sans doute comme une concurrente sur le chemin du divin, s'est chargée de me faire une nouvelle réputation. Mes frères et sœurs évitent celle qui est en perpétuelle crise démoniaque. Pour le Maître non plus, j'ai la sensation de ne plus exister. Il a violé une ombre, irréelle, moi. C'est la pire des tortures.

Au lycée, ma seule chance de survie serait de ressembler un peu aux autres. J'ai jeté les vêtements de jeune fille, offerts par mon père, je reste donc, aux yeux de mes camarades de classe, celle qu'ils appellent méchamment « un cul béni ». Infréquentable ! Triste et froide.

Les seuls sourires, l'unique chaleur qui puisse

m'atteindre, viennent de papa et Véra. Je tente parfois un déplacement vers la Corse. Il n'est que mental, certes, furtif, mais lorsque je réussis à visualiser le visage de ces deux êtres aimés, je vais mieux.

Florence sait bien que la vraie vie est là-bas, Priya passe son temps à l'en dissuader. Ce combat, je l'ai mené depuis toujours, dès mes premiers pas sur les traces du Seigneur, mais aujourd'hui, il est devenu trop inhumain.

Ce matin, j'ai du courage pour la mission ! Encore une fois, Priya a pris le dessus sur Florence. L'autre moi est toujours en sommeil. Il est 4 heures du matin, le temps des premières prières.

La mortification que je m'impose dure toute la nuit. Sur mon tapis, posé sur le sol dur, je dors peu, chassant mes pensées de liberté en stigmatisant mes trahisons. Obsédée par ces entités diaboliques qui m'ont choisie pour cible, je me bats dans le noir.

Je dois me lever, quoi qu'il arrive... puis allumer la bougie, la baguette d'encens, puis... la chute, lourde ! Une douleur extraordinaire dans les jambes, vient de me faucher, et je me retrouve par terre, sans force. Qu'est-ce qu'il m'arrive ? Je m'assois quelques minutes, et le mal semble s'estomper. C'est là entre les genoux et la plante des pieds... je touche... insupportable, chaque centimètre de peau est douloureux... je regarde... horrible... ces mollets brûlants qui ne me portent plus, ces mollets que je ne peux même plus effleurer, sont noirs. D'énormes œdèmes recouvrent mes jambes, des pieds aux genoux.

C'est sûr, maintenant, j'ai perdu mon combat contre les forces du mal, ce sont les premiers signes. Je dois absolument cacher ces jambes difformes, et oublier la douleur. Personne ne doit savoir, pas même ma mère. Elle serait trop heureuse d'avoir raison. A l'école, toute la journée, je souffre sans le montrer, sans le dire. Je ne peux qu'accepter, sans me plaindre, cette épreuve supplémentaire, conséquence directe de mes errances corses.

Le soir, en regagnant la maison, je me précipite dans ma chambre, pour éviter Mitti. Au Mandarom, ma mère est devenue une championne de la chasse au faciès. Lorsque j'ai vu ma tête dans la glace des toilettes du lycée, j'ai eu un haut-le-corps. Ce visage-là ne résistera pas au regard cruel de Mitti. Elle saura tout de suite que le démon est en moi.

Absorbée par ses cours de yoga, elle ne s'inquiétera de ma présence qu'à 11 heures du soir. Elle me trouvera en prière, et repartira sans un mot. Sursis.

Ma première nuit de possédée est noire.

Je multiplie les mantras, toute ma panoplie y passe, rien n'y fait.

Les jambes meurtries par une arme diabolique, je ne peux trouver le sommeil. Chaque mouvement me fait souffrir. Au matin, je suis sans force, mais je dois aller à l'école, à tout prix, comme si de rien n'était, et surtout ne pas boiter, ne pas boiter...

Paradoxalement, cette souffrance que je cache mal, va faire tomber mon masque sectaire, et me rapprocher de Christophe, un camarade de classe. Ce dragueur de cafétéria, qui papillonne sans pouvoir se poser, sera mon premier confident. Je crois bien qu'il m'a écoutée.

Je suis seule, assise à une table de ce local aménagé, où les élèves viennent boire un coup en disant du mal de leurs profs, et Christophe m'a vue.

« Tu as un problème, Florence ?

– Non, aucun, ça va bien...

– Arrête, je t'observe depuis ce matin... tu peux pas rester debout plus de cinq minutes... et là, tu es blanche comme un lavabo...

– Je t'assure, Christophe, ça va...

– Florence, tu fais ce que tu veux, mais si toi tu vas bien, moi je suis le fils du curé et je te demande de me croire... Tu sais, il y a longtemps que j'ai envie de sortir avec toi... les copains m'ont dit... laisse tomber ce têtard de bénitier... moi, je m'en fous de ton poncho rouge et de ton chapelet que tu planques sous le bureau, pendant les cours... tu me plais... et si tes yeux sortaient un peu du vague, tu t'en serais aperçue... alors, dis-moi ce qui se passe...

– Je suis dans une secte...

J'ai lâché le mot sans réfléchir, sans retenue. Alors que le Seigneur nous rappelle sans cesse à l'ordre, « si on vous pose la question sur qui nous sommes, répondez : nous ne sommes pas une secte... », je viens de lui désobéir, de le trahir encore une fois. Remords inutiles. Christophe insiste.

– Je me doutais bien d'un machin comme ça... et c'est quoi, ta secte ?

– Un monastère, appelé le Mandarom, et... ça ressemble à une secte... j'y vais avec ma mère... mes parents ont divorcé... et là-haut, il y a un grand saint... et je crois en lui... et... et je n'ai pas le droit de te parler comme ça...

– Arrête, Florence... si c'est ton grand saint qui te met dans cet état-là, fous le camp très vite... tu sais, je vais en parler à mes parents... ils seront d'accord pour t'héberger, et tu pourras continuer à venir au lycée...

– C'est pas possible... ma mère ne voudra jamais... c'est elle qui décide pour moi... et le Seigneur...

– Ecoute, tu peux pas rester comme ça avec ta tête de condamnée qui sort d'une salle de torture... et tes jambes pleines de bleus, il faut les montrer à un toubib... je vais en parler à mes parents...

– Non, Christophe... sois sympa, ne fais rien du tout... ça m'a fait du bien de te parler... tu vois, je vais déjà mieux... et puis je ne peux pas sortir avec toi... ce n'est pas la bonne attitude...

– On en reparlera... allez, c'est l'heure...

Et la cloche de reprise des cours m'a réveillée.

Qu'est-ce qui m'a pris de parler comme ça, de trahir mon Seigneur et ma mère ? Pour la première fois, depuis si longtemps, Florence a pris le dessus sur Priya. Au fur et à mesure que je parlais à Christophe, j'avais l'impression de lâcher du lest, de me libérer de liens qui m'empêchaient de vivre. Pendant quelques minutes, j'ai eu la sensation de muer, endossant une nouvelle peau, une peau de jeune fille.

Hélas, l'amélioration est illusion ! En rentrant chez moi, à vélo, chaque coup de pédale est un calvaire. Des vertiges m'obligent à des haltes. Les gens se retournent sur mon passage, apitoyés ou dégoûtés, je ne sais. Parvenue au bout de mon chemin de croix, je m'enferme immédiatement dans les toilettes et je vomis... je vomis mon reniement.

En réalité, je viens de franchir mon premier pas vers la mort ! Le matin, puis les jours suivants, les nausées se succèdent, de plus en plus fréquentes. Je ne garde plus un seul aliment. A bout de forces et me persuadant que je dois expier, je me résigne à tout avouer à ma mère :

« Mitti, je ne comprends pas ce qui m'arrive... regarde mes jambes couvertes de bleus... et puis je vomis sans arrêt, à l'école, ici à la maison, c'est comme des coups de couteau dans le ventre.

– Je savais que ce voyage en Corse, auprès de ton père causerait ta perte. C'est le diable en personne, ce type... cette viande, cette charcuterie que tu as mangées, sont remplies d'ondes négatives. Tu n'as que ce que tu mérites, l'affrontement avec des entités démoniaques. Nous en parlerons au Seigneur, le week-end prochain...

Et Mitti, me laissant pliée de douleur, repart prier avant même que je puisse lui répondre. Lui crier que je ne veux plus monter au monastère !

A mon retour de Corse, j'ai guetté les réactions du Seigneur. Je pensais qu'il devinerait tout ce que j'avais vécu en Corse... la viande, le vin, les vêtements, la fête et le rire. Il ne sait rien. Il s'est contenté de me souiller, de m'humilier une fois de plus, une façon pour lui de me rappeler : « Tu peux faire ce que tu veux, je suis ton Maître, tu ne m'échapperas pas. »

Il ne voit donc pas tout, il n'est pas infaillible, puisqu'il a violé l'impure que je suis. Le doute m'effleure, puis disparaît. Le Seigneur est tout simplement généreux, sa compassion est sans limite, il pardonne. Je l'ai trahi en approchant mon père, démon fait homme, en regardant les garçons, envoyés du diable, en buvant et mangeant tout ce qui est interdit à un chevalier, en y prenant du plaisir.

Je suis possédée, zizinée comme on dit au Mandarom, parce que j'ai tout fait pour l'être. Je ne me sens plus capable de porter une telle culpabilité et d'affronter mes frères et sœurs, élus comme moi, qui eux, n'ont pas fauté. Je m'interdis le Mandarom !

Mes jours et mes nuits sont cauchemardesques. Des histoires sans fin d'êtres invisibles qui fouettent mes jambes, torturent mes entrailles, et m'empêchent de dormir comme si je devais prendre conscience de ma trahison, à chaque seconde. Mon dormiphone, tout près de mes oreilles, laisse défiler sa bande en boucle, la voix du Seigneur, celle qui vient d'en haut, me rappelant sans cesse qui est le « Moi suprême ». Je vis sans répit.

Une nuit, pourtant, je sombre lentement dans un sommeil fiévreux, entrecoupé d'attaques démoniaques qui, invariablement, m'entraînent aux toilettes.

Je dors depuis cinq minutes à peine quand un bruit, suivi d'une odeur pestilentielle, me réveille en sursaut. Il fait noir, ma chambre n'est éclairée que par un lumignon, et je distingue à peine une silhouette portant un charbon incandescent dans une main, un quadrilatère de protection dans l'autre.

La chose fait le tour de ma chambre, en murmurant, puis repart en ne laissant derrière elle que cette puanteur suffocante. Je reconnais l'odeur d'un encens utilisé par les Antillais, au cours de séances d'exorcisme. C'est insupportable. Je me lève, mes jambes me lâchent, et c'est à quatre pattes, comme une bête blessée, que je me traîne jusqu'à un seau hygiénique, posé à quelques mètres du tapis sur lequel j'essaie de dormir. Je vomis.

Alors, la porte de ma chambre s'ouvre violemment... c'est la chose qui revient. Ce n'est pas un mauvais rêve. Mes yeux se sont habitués à la pénombre, et je reconnais ma mère. Sans un mot, elle se précipite vers le seau et y jette une poignée d'herbes odorantes, en hurlant des mantras anti-diable, comme si elle voulait se donner du courage.

– Les démons qui sont sortis de ton corps doivent rester prisonniers de ce seau, dit-elle... Ses yeux sont exorbités, je n'en crois pas les miens.

Puis, elle disparaît à nouveau pour revenir quelques minutes plus tard, un verre à la main.

– Tiens, bois ça, ça chasse les démons...

Je porte le verre à ma bouche. C'est du citron. J'en bois une gorgée, une seule, et je la rejette immédiatement... direction, le seau. Le breuvage acide m'a dévoré des intestins déjà à vif. Mitti jette une nouvelle poignée d'herbes magiques et s'en va.

Je vais ainsi subir les assauts de cet ouragan exorciste, toutes les nuits, pendant de longues semaines. Je suis si faible, parfois, que je ne vais pas au lycée. La douleur au ventre irradie tout mon corps et les œdèmes toujours plus nombreux, me clouent au sol.

Mes nausées à répétition se doublent maintenant de diarrhées. J'ai l'impression de me vider. Mes dernières forces, je les consacre à la prière. Je visualise mon Seigneur et l'appelle à l'aide. Il me répond, je finis la tête dans le seau.

Parfois, je pense à Nathalie et à papa, à Véra. Je voudrais être près d'eux, je suis sûre que leur amour me ferait du bien. Mais tout aussi rapidement, je me reprends : tout ce qui m'arrive est de leur fait. Ils représentent le monde du désir, ce monde qui n'est pas pour moi. Je paie aujourd'hui la tentation.

Un matin, voulant faire un peu de toilette, j'aperçois une petite fille en pyjama. Elle est là, debout, devant moi. La pauvre fait peine à voir. Certaines mèches de ses cheveux bruns sont collés, son visage est livide et les cernes autour de ses yeux forment deux trous noirs. Elle n'a plus de joues, que des os saillants qui tendent une peau fatiguée. Au coin de sa bouche, deux traits de bave. Les bras inertes pendent le long d'un corps maigre et tremblant.

Elle me regarde, je la regarde, et je pleure, ne sachant que faire pour l'aider. Elle pleure aussi... Je reste ainsi, debout, pendant quelques minutes, avant de réaliser que je suis devant une glace de ma salle de bains. La petite fille au pyjama, c'est moi !

Ce jour-là, en voyant mon image, j'ai compris que j'allais mourir bientôt.

Nonne grabataire, je n'ai plus l'énergie nécessaire pour mes ascèses quotidiennes.

Constatant que la magie ne peut rien pour moi, Mitti consulte un médecin homéopathe. Sans plus de succès. Les comprimés qu'il me prescrit sont emportés au cours de mes épreuves de purification, vers le seau posé près de ma couche.

Pendant ces trois mois d'agonie, j'ai souvent raté mes cours, comptant sur la seule magie pour combler mes lacunes. Désormais, au Mandarom, la panoplie est complète.

On y vend le stylo magique, celui qui vous garantit le succès dans les études : 800 F. Trop cher pour moi !

Pour sa toilette, le chevalier doit utiliser les savons de prospérité ou de chance : 150 F.

Il y a aussi les graines Didi... graines de chance, qui vous permettent d'être remarqué partout et de réussir vos études. La recette est simple... il s'agit de mettre son parfum préféré sur la graine avant de se frotter le visage et les poignets. Ces graines africaines sont réservées aux plus riches : 1000 F.

Au magasin Chez Gilbert, on trouve encore un tas de poudres et de talismans de protection, chers mais conseillés par le Maître. Plus tard, des chevaliers se ruineront pour acheter le sabot de cheval animé, garantissant la chance pour toute la vie, à 3 500 F pièce, et puisqu'il n'y aura plus de limite dans le délire collectif, la corne de prospérité... à 10 000 F.

Sur mon grabat, je sens bien que la magie, elle-même, ne peut rien pour moi.

Je ne me lève plus, sinon pour esquisser quelques prières à Hamsa Manarah. Très vite, prise de vertiges, je m'allonge à nouveau. Marquée par le souvenir des squelettes de Mara et de la mort factice de ma mère, je ne me regarde plus dans une glace.

Je n'ai qu'une envie, dormir. Mais encore une fois je lutte, me souvenant des paroles du Seigneur : « Attention à vous, c'est pendant votre sommeil que les démons sont les plus actifs. Ils profitent de votre absence pour investir vos corps et vos esprits... »

Je crois que le Maître a raison. Les quelques jours que j'ai vécus en Corse ont favorisé des attaques démoniaques. Je dormais toute éveillée, oubliant l'essentiel, ma mission spirituelle et l'attitude qu'elle exige.

Mes vomissements expiatoires ne sont que la manifestation de mon réveil à la vraie vie ! Je me sens d'autant plus coupable que Mitti s'impatiente. A l'évidence, je l'empêche de vivre la vie monastique dont elle rêve. Tous les jours, elle téléphone au Mandarom pour informer le Seigneur de mon état de santé. Elle ne s'inquiète pas de ma pâleur et du sang dans mes selles, elle se plaint de ce que je ne fais aucun effort pour me débarrasser des entités diaboliques qui m'assaillent.

Elle continue à jeter dans le seau à diable les herbes divines. C'est le Maître qui remplit les ordonnances. Ainsi ordonne-t-il à ma mère de me faire manger du yaourt mélangé à de la cendre, cendre magique, résultat d'une alchimie dont lui seul a le secret. Le mélange est radical contre les démons, paraît-il. C'est vrai, je vomis beaucoup plus vite, et plus souvent !

Ce soir à Hyères, on joue *La mort de Priya*. Avec dans le rôle de Priya, une loque noire et blanche, moi. Les costumes, les décors, de couleur pourpre, et la mise en scène sont de Gilbert Bourdin.

La musique, les chants divinatoires et l'hystérie permanente sont assurés par Mitti, ma pauvre mère. Dans ce tourbillon de folie, je meurs doucement, et personne ne semble s'en préoccuper.

Je ne veux plus voir mon image, non pas que mon corps décharné me fasse horreur, mais ce véhicule de chair est la marque de la présence du diable. Je le sens dans le regard de ma mère. Il y a longtemps que je ne suis plus sa fille, je reste un chevalier possédé, à un point tel que le Seigneur lui-même, reste impuissant.

Face à cette inefficacité du divin, je ne doute pas un seul instant. J'accepte la mortification, je suis coupable, et si je disparais de ce monde, ce n'est que justice. Voilà ce que se dit Priya, durant des heures. Réfugiée dans son temple rouge, en liaison cosmique avec un Maître pour qui elle n'existe plus, elle ne laisse aucun répit à Florence.

Pourtant, au cours des visualisations que je m'impose, malgré l'épuisement, les coupures d'image sont fréquentes. Sur le visage sévère de mon Seigneur, vient parfois, en surimpression, le sourire lumineux de mon père ou la silhouette de Nathalie, ma sœur. Mais je ne dois pas penser à ces deux êtres qui sont la cause de mon malheur. Alors, je me recentre sur l'essentiel, la survie de mon âme... Om, Seigneur Hamsa Manarah.

Je ne vais plus très souvent au lycée, et dans cette chambre au relent de mort, entre vertiges et nausées, je n'ai plus aucune notion du temps. Ma fatigue est telle que je suis contrainte de prier allongée sur mon tapis, et je ne sais pas si le Maître, dans son Lotus, entend la supplique de Priya... « Seigneur, qu'il en soit fait selon ta volonté... je ne suis pas digne... et si je dois quitter cette terre c'est que ma mission ici est terminée... Om... »

Quand mon ventre enflammé me laisse vivre sans douleur, quelques instants, c'est Florence qui rajoute... « Je ne veux pas mourir, pas si tôt... je n'ai rien vu de ce monde... je ne suis qu'une enfant qui a mis huit ans de sa vie entre parenthèses... papa, je veux te revoir et rire encore une fois, rien qu'une fois, dans tes bras... »

J'en suis là de mes délires quand Mitti, sans le vouloir, va me sauver. Entre deux cours de yoga, elle passe ses journées à prier et quand elle n'est pas en communication spirituelle avec le Mandarom, elle court avec ces herbes folles à la main, avant de les jeter dans mon seau d'excréments. Bref, elle perd son temps. Je suis un obstacle à la vie monastique qu'elle rêve de mener.

Et ce jour-là, elle me réveille...

– Priya, si c'est de ne plus voir ton père qui te met dans cet état, fous le camp ! Tu es une impure, va vers ce monde perdu...

– Mais... non Mitti... moi je veux rester près du Seigneur... pour la mission... j'ai revu mon père, mais c'est fini...

– Tu t'es fait avoir, tu es foutue, d'ailleurs j'en ai parlé au Seigneur, et il m'a dit de te laisser partir si tu voulais partir...

J'en ai le souffle coupé. Le Maître m'abandonne. Il n'y a donc plus rien. Je suis coupable et impardonnable. Ma famille me rejette et c'est bien normal.

Bien des années plus tard, j'ai compris que Bourdin ne tenait pas à s'encombrer d'un cadavre. Le proviseur de mon lycée, qui était un ami de ma sœur, me surveillait. Il aurait pu témoigner.

Chapitre 8

« Papa, viens me chercher, je vais mourir. »

Mitti m'ouvre la porte, et deux jours plus tard, je téléphone en cachette à mon père :

– Papa, viens me chercher, je vais mourir !

Le lendemain, c'est mon père qui appelle Mitti :

– Je viens chercher Florence, il paraît qu'elle est malade...

Ma mère raccroche et explose :

– Comment il sait ça, lui ?

– C'est sûrement Nathalie...

Je ne suis pas à une lâcheté près.

Mitti semble soudain très impatiente que je déguerpisse. C'est elle qui me mènera à la gare, où je dois prendre un train pour Toulon. Mon père m'y retrouvera.

Quand j'ai vu, au mois de mai dernier, les documents d'archives, films et photos, diffusés à l'occasion du cinquantième anniversaire de la libération des camps de concentration, j'ai eu un choc. L'émotion était trop forte de voir ces ombres rayées, massées derrière des fils de fer barbelés, avec dans les yeux, les traces de la mort.

En me découvrant, descendant du train, en gare de Toulon, mon père me voit dans le costume des déportés, celui que gardent, pour toujours, ceux qui ont vécu au Mandarom, ce camp d'extermination de l'âme.

Mes jambes noires et maigres me portent mal, mon baluchon traîne par terre, mon ventre est secoué de spasmes, je pèse à peine trente kilos, je suis heureuse. Je vais retrouver papa !

Il est là, il s'est arrêté de marcher vers moi. Je me hâte lentement, bousculée par d'autres passagers du train, au rythme de mes jambes malades. Puis, je m'arrête aussi. Nous restons là, face à face, quelques secondes. Papa me dira plus tard avoir cru vivre un mauvais rêve, en me revoyant. De la jeune fille qui a passé Noël en Corse, trois mois auparavant, il ne reste rien. Une petite fille décharnée, squelette à peau blanche, perdu dans un pantalon trop grand.

Deux larmes glissent doucement sur le visage de papa, ravagé par la douleur. Puis il s'approche, me prend dans ses bras, comme on saisit un objet fragile, et me garde au chaud, sans cesser de pleurer.

– Qu'est-ce qu'ils ont fait à ma fille ? Ma chérie, qu'est-ce qui s'est passé ? Ce n'est pas possible de faire ça à une enfant...

J'ai peur de la révolte de mon père, je ne lui dirai rien !

Sans un mot, il prend mon sac dans une main, pose

l'autre sur mon épaule, et nous quittons la gare. Nous pleurons tous les deux.

– Où on va, papa ?

– On va d'abord manger, puis nous prenons l'avion pour Bastia...

Au restaurant, le face à face est une épreuve de plus. Je ne peux rien avaler de ce que papa a commandé. Quand le serveur me colle sous le nez un morceau de viande et des frites, c'est le chevalier du Lotus d'or qui résiste... « S'il croit que je vais la manger sa viande... mon père n'a pas changé, il n'a rien compris vraiment... me tenter ainsi, c'est diabolique, vraiment. »

– Florence, fais un effort, je t'en supplie, mange. Tu es maigre à faire peur, insiste papa, le visage encore mouillé de larmes.

Je me souviens alors des règles chevaleresques en la matière... si la viande est un jour une obligation, sans autre solution, il faut la purifier par des mantras.

Pendant quelques secondes, je fixe donc mon steak-frites, visualise de la lumière violette et bombarde le morceau de bœuf, pour l'évolution de l'animal. Puis, intérieurement, je récite quelques « Om a Hum » de purification.

Mais rien n'y fait. La nausée me gagne et je ne touche pas à mon assiette.

– Papa, je ne peux pas, je n'ai pas faim.

– Florence, maintenant tu es avec moi, et tu vas faire un effort pour te nourrir... tu te rends compte qu'en trois mois, tu as perdu vingt kilos, au moins. Je veux que tu oublies ce que tu viens de vivre, on va s'occuper de toi...

Trois mois, c'est vrai il a raison. Je réalise soudain que mon agonie a duré trois mois et qu'aujourd'hui, c'est mon anniversaire. J'ai dix-huit ans.

Jusqu'à notre arrivée à Bastia, papa ne lâche pas ma main, comme s'il me disait « je suis là, maintenant, il ne peut rien t'arriver... » Et je me sens rassurée.

Dès que je repose le pied sur la terre corse, ma décision est prise. C'est ici que je veux vivre, près de mon père et de Véra.

Véra qui, voyant ma maigreur repoussante, ne montre rien, ne dit rien, se contentant d'une étreinte maternelle et d'un « je suis si heureuse que tu sois là... »

Sans réfléchir, comme si ce flot d'affection, d'amour, avait noyé toutes les armées de l'ombre qui me torturent depuis si longtemps, je me laisse porter. Hélas, je suis loin de la guérison.

Avant même mon arrivée, rendez-vous a été pris avec le médecin. Là, c'est le premier choc, comme si mon passé récent me poursuivait. Je me rhabille, après l'examen, quand j'entends le docteur dire à mon père :

– Le diagnostic n'est pas évident... les intestins sont touchés, c'est sûr... mais il est très difficile de déterminer l'origine du mal... vous savez, bien souvent ces maladies tropicales sont complexes...

Je suis catastrophée, le médecin parle presque comme ma mère... « tu es envoûtée par des sorciers africains... « Elle avait donc raison... les entités démoniaques m'ont retrouvée.

Ma vie est rythmée par les visites chez le médecin.

Tous les jours, je suis pesée et chaque gramme pris est une victoire. Mais, je n'ai toujours pas faim. Mon épuisement et le traitement lourd qui m'est prescrit, m'anesthésient. Je dors, parfois vingt-quatre heures d'affilée, et au réveil, Véra est là, à mon chevet. Ses regards tendres me réchauffent.

J'ai un peu honte. Le chevalier exemplaire, qui a su repousser la fatigue pendant dix ans, qui a été de tous les combats, aux côtés du Seigneur, pour le salut du monde, n'est plus qu'une épave.

Pour répondre à la tendresse permanente de Véra, au sortir de ma léthargie brumeuse, je n'ai que le sourire. Les larmes aux yeux, elle me prend la main, la garde quelques instants, puis la repose doucement sur le drap blanc. Elle repart ensuite vers l'endroit qu'elle déteste le plus au monde, la cuisine. Plus que les médicaments que j'ai dû ingurgiter, ou les plats de Véra que j'ai dû supporter, c'est la présence de cette femme qui m'a sauvée. Son amour...

Un mois a passé. Je recommence à me nourrir un peu, et je quitte mon lit. Les œdèmes sur les jambes sont plus rares. Papa vient m'embrasser avant de partir au travail, comme au temps de Séraphin, le temps des peluches. Véra me parle de tout, je lui parle de rien, j'amorce ma résurrection.

Je fais mes premiers pas dans le printemps corse, sans me soucier du diagnostic médical.

C'est bien la première fois que j'entends parler de la maladie de Crohn, et j'oublie très vite le nom du mal qui a failli me tuer. Il y a quelques mois à peine, j'ai appris que la maladie de Crohn atteint les personnes victimes d'un choc émotionnel si fort, qu'il provoque vomissements, diarrhées et amaigrissements. Ce que j'ignore en Corse, je le sais aujourd'hui. Dans une majorité de cas, la maladie de Crohn se déclenche chez les victimes d'incestes et de viols !

Avec Véra, j'apprends à revivre. La lumière qui me guide n'est plus celle des visualisations, mais du soleil corse. Nos balades sont longues et douces. Véra me ménage, veille sur moi comme avec un enfant qui découvre.

Elle me soigne et me respecte. Ni elle ni papa ne feront la moindre remarque en voyant, sur ma table de chevet, un chapelet, une fiole de santal, une photo et un livre d'Hamsa Manarah.

Je ne fais plus mes prières mais je continue à charger ma médaille de chevalier avec quelques gouttes de santal, tout en chantant mes mantras anti-diable.

Au cours de nos discussions interminables, sur un chemin muletier ou à la terrasse d'un café, Véra m'amène progressivement à parler du Mandarom. Les rituels, de jour comme de nuit, les musiques lancinantes, le Seigneur sur le qui-vive, l'exorcisme et la magie. Je ne dénonce rien, j'expose les faits, comme si je voulais convaincre Véra de l'utilité du travail fourni par les chevaliers du Lotus d'or, pour sauver la Terre et les vivants qui la peuplent.

Véra m'écoute, sans faire le moindre commentaire, me demandant simplement si ça n'était pas trop dur pour les enfants, si c'était compatible avec l'école, si j'étais heureuse.

– Oui, je suis heureuse là-haut, c'est ma vie et...

Je crois que c'est le regard de Véra qui a stoppé net mes élans lyriques. A l'évidence, elle ne me croit pas. Je baisse la tête et les yeux dans le vide, j'ajoute à voix basse...

– Véra... c'est pas vrai, je ne suis pas heureuse, j'ai menti... je te dirai un secret, un jour, mais c'est trop tôt.

Elle n'a pas insisté.

Quelques kilos en plus, je vais mieux et je sens que papa est rassuré. Quand il rentre le soir, tout est comme avant, il donne, sans calcul. Son affection, sa chaleur, que j'avais perdues des années durant. Avec Véra, il a retrouvé une harmonie, une flamme. Mitti l'a abattu, une première fois. Aujourd'hui, il vit sa renaissance.

Les jours qui suivent, Véra semble préoccupée. Ses questions sont plus précises, son attention encore plus soutenue. Pour la première fois, alors qu'elle l'avait soigneusement évité jusque-là, elle me parle de ma mère. S'occupe-t-elle de moi, est-ce que je mange à ma faim, à la maison, est-ce que je dors suffisamment, parle-t-elle de mon père ?

Je raconte les menus riz-pâtes-patates, les prières de l'aube et les cadeaux de papa, qui finissent à la poubelle.

Mais un jour, alors que nous buvons du thé, assises sur le canapé du salon, je lâche :

– ... tu sais Véra... tu ne pourras pas comprendre... si tu ne connais pas le plus important...

Comme si elle n'attendait que ça, comme si elle devinait que je porte en moi un trop lourd secret, enfoui depuis trop longtemps, Véra insiste :

– Dis-moi, Florence, dis-moi qui a fait de toi cet enfant presque mort que ton père a récupéré le mois dernier ?

– C'est après mon premier voyage en Corse, tu sais, pour la Noël... je me suis sentie coupable... j'avais trahi, en oubliant les règles de vie du Mandarom... j'avais un engagement, et je ne l'ai pas respecté...

Véra n'a pas cillé et continue à me fixer. Elle sait qu'il y a plus grave.

Je suis coincée.

– Ce que je vais te dire, tu ne devras le répéter à personne... tu dois me le jurer... tu seras la seule à savoir... je n'ai pas le droit de parler de ça... tu n'en parleras à personne, n'est-ce pas ? et surtout pas à papa... il ne faut pas qu'il sache, on ne sait pas comment il réagirait... Véra, fais la promesse...

– Je te jure que personne ne saura... dis-moi...

Je ne peux plus reculer. J'avale ma honte, mais c'est plus fort que moi, une tache indélébile, la marque de la culpabilité, m'empêche de trouver les mots. Dans ma description de ce que je persiste à qualifier de rituel initiatique, je ne prononce jamais le mot viol. Je n'ai nul besoin de le faire, Véra a tout compris.

Elle a compris la violence sous le masque d'un yogi dévoyé, le gourou qui impose la soumission à un enfant qui n'existe pas, qui n'est qu'un corps, un corps de plus, un corps expérimental. Elle sait ce sentiment d'honneur perdu de la femme violée, pour un crime qui n'est pourtant pas le sien.

Véra n'oublie pas le silence imposé à la femme souillée

par des mâles qui ont écrit la loi, et qui, invariablement, se demandent si la « victime n'était pas consentante ». L'homme de loi reste un homme. Et le risque existe toujours de voir le crime impuni. C'est insupportable, et c'est désormais mon combat, aujourd'hui.

Véra n'a rien dit. Elle m'a prise dans ses bras, et en silence, nous avons pleuré.

Malgré mon éloignement du Mandarom, et les ascèses négligées, je reste double. On n'efface pas aussi facilement dix ans de conditionnement.

Il y a donc Florence, qui a livré son secret et ainsi chassé les dernières douleurs d'un corps meurtri, et Priya, chevalier en sommeil, pour lequel ces révélations ne sont que le récit d'une vie monastique normale, faite de soumission et d'épreuves permanentes.

Je n'imagine donc pas, en voyant Véra pleurer, les jours suivants, à quel point mes confidences l'ont émue. Je pense à quelque problème avec papa, comme ça arrive souvent dans le couple. Véra ne lâche pas son mouchoir, papa est devenu sombre et moi, je ne comprends rien. Jusqu'au jour où Véra n'a plus les yeux humides.

Sans pouvoir l'affirmer, puisque chacun garde le secret, j'ai l'impression que papa sait. Je suis doublement soulagée. J'ai toujours redouté, si je lui révélais les viols, une réaction immédiate de sa part. Je l'imaginais, montant au Mandarom, bousculer ceux qui oseraient se mettre en travers de son chemin, entrer dans la maison Lotus, et abattre le Seigneur, bourreau de sa fille. Je ne voulais pas de ça, et j'ai gardé mon secret.

Aujourd'hui, je sais que Véra ne pouvait supporter seule un tel poids. Son couple était en jeu. Papa ne comprenant pas les crises de larmes permanentes de sa femme, lui avait dit : « Si tu es malheureuse ici, avec moi, tu peux partir, je ne t'en voudrais pas. »

Véra aimait papa, elle a parlé.

Et nous avons vécu ainsi, tous trois prisonniers d'une confidence.

Quelques jours après mon aveu, Véra, redevenue elle-même, enchaîne :

– Florence, tu veux vraiment poursuivre dans cette voie initiatique ? Après ce qu'ils t'ont fait... après ce qu'il a osé te faire...

Je ne me suis jamais posé la question, et pendant un court instant, je reste silencieuse. Je ne sais pas. Vais-je trahir le Seigneur ? Ignorante, naïve et conditionnée, je ne connaissais pas le mot viol, je ne parlais pas de crime. Une partie de moi-même n'avait pas gommé la souillure, pour l'autre être, en revanche, il n'y avait rien d'anormal.

C'est donc sans trop réfléchir que j'ai répondu à Véra :

– Non, je ne veux plus être moniale... je veux voir autre chose...

– Alors, moi, je vais t'aider, nous verrons ça demain.

Le lendemain, Véra entre dans ma chambre, désigne du doigt livres, photo et chapelet sur ma table de nuit et lance :

– Tu vois, tout ça, nous allons le jeter ensemble... ça te fera du bien, j'en suis sûre.

– D'accord, où on le jette ?

– A la mer... mais pas n'importe comment... Je vais t'expliquer. Prends ton matériel de nonne et suis-moi.

Nous nous retrouvons dans la cuisine, où Véra découpe une grande feuille de papier aluminium qu'elle étale sur la table.

– Donne-moi tout ça, dit-elle...

Je lui tends les livres, la photo du Maître, mon chapelet et ma médaille de chevalier, cette fameuse médaille protectrice, que je n'ai pas portée pendant plusieurs jours, sans que ma vie en soit chamboulée. Elle les dispose sur la feuille et emballe le tout. C'est du Bourdin en papillote !

Nous partons en voiture vers une petite crique, et là, Véra me tend le paquet :

– Tiens, c'est toi qui dois le faire.

Je m'avance et sans hésiter une seconde, je rejette tout mon passé à la mer. Le bloc est assez lourd, et s'enfonce très vite. Curieusement, je ne ressens rien. Pas un regret, pas une émotion. Je ne suis plus Priya. Vive la vie !

Mon premier travail en Corse est garde-malade. Après avoir quitté les handicapés mentaux du Mandarom, je me retrouve dans un minuscule village corse, Pina Canale, à faire la toilette à une grosse dame hémiplégique.

Ce n'est peut-être pas le job idéal après ce que j'ai vécu pendant dix ans, mais peu importe. Il fallait que je sorte du cocon ouaté dans lequel je vivais depuis mon arrivée à Bastia.

J'ai un traitement médical à suivre, à respecter un plan

d'alimentation équilibrée, et pour le reste, rien ne m'est interdit.

Je passe toute la semaine dans ce village de 50 habitants, accessible par une route à peine goudronnée, qui prolonge la voie ferrée. Le fils de ma malade m'attend à la gare et me conduit dans la maison. Le matin, je m'occupe de cette femme qui ne bouge plus, ne parle plus, et dont seul, le regard exprime encore la vie.

Soins, ménage et cuisine ne me changent guère de ce que je faisais dans la maison Lotus du Seigneur, mais j'adore le petit village. L'après-midi, je suis libre, et je passe des heures à discuter avec des mémés noires comme du charbon, qui refont sans cesse l'histoire de leur île, c'est-à-dire l'histoire des familles corses. Avant que le soleil ne se couche, je pars me balader dans la campagne, où l'on ne croise que quelques vaches grasses.

J'ai toujours aimé la solitude, mais c'est le premier isolement volontaire que je vis. Jusque-là, je suivais à la lettre les préceptes du Maître, en matière de prières ou de visualisations. Ma journée était réglée à distance par l'ashram, ma vie peuplée de déesses protectrices ou de démons agressifs, et je n'étais jamais seule.

Dans ce village ignoré, je me retrouve et découvre surtout un lieu de paix loin, très loin des champs de guerre satanique décrits par Hamsa Manarah. Les démons, en tout cas, ne sont pas là !

C'est parce que la vieille dame réveillait en moi de mauvais souvenirs, en m'appelant toutes les nuits à son chevet, que j'ai décidé d'arrêter ce premier travail.

Depuis mon arrivée, je n'ai quasiment rien vu de la Corse, et j'ai soif de tout connaître. Et quand j'apprends que Nathalie s'est installée avec son copain, dans une petite maison, au bord de la mer, je m'y précipite. Patrick est paysagiste, ma sœur vend les fleurs, je suis en charge de la cuisine. L'après-midi, c'est moi qui cuis sous le soleil, au bord de l'eau, et le soir, nous nous retrouvons tous les trois pour des grillades arrosées de vin frais. Je me laisse bercer, sans une pensée pour le pays d'où je viens, le pays d'en haut, de l'irréel.

Un autre grand soir sera ma première sortie dans une boîte de nuit, à Bastia, en compagnie de mon cousin. Un lieu de perdition, inaccessible car inconcevable pour le chevalier que j'étais, quelques semaines plus tôt.

Dès la porte franchie, je suis abasourdie. La musique martelée n'a rien de commun avec celle du Mandarom, si ce n'est la migraine qu'elle provoque. De la lumière vive, on passe au noir absolu, en un éclair. Le cousin secoue une hypnotisée :

– C'est un stroboscope, c'est génial, non ?

– Tu n'as pas mal aux yeux, toi ?

– Mais non, tu vas t'y habituer.

En attendant, je vois des danseurs en pointillé. Vite, il faut que je m'assoie, ça tourne trop.

J'ai plus de dix-huit ans, et je me sens gourde ! Toutes ces filles que je vois s'agiter devant moi, ne sont pas plus âgées, mais j'ai l'impression de ne pas être de leur monde. Et je me dis que Florence devrait enfin descendre de sa machine à remonter le temps.

C'est mon cousin qui m'a maquillée, je ne l'avais

jamais fait, il m'a conseillée pour m'habiller, mais ce premier soir, personne ne remarque mes efforts. Je m'ennuie à mourir.

J'ai pourtant toujours aimé la danse, depuis les bals de la gendarmerie, où du haut de mes huit ans, j'entraînais le fils de l'adjudant, à peine plus âgé que moi, dans un paso doble très personnel.

Mais ce soir, je fais tapisserie. Mon initiation au monde de la nuit est ratée. Plus tard, c'est avec des copines et des copains que je retournerai danser, plus pour paraître que par plaisir.

Le temps des premiers flirts et des bains de minuit dans les criques.

Je suis dans la spirale des noctambules et papa, très compréhensif jusque-là, intervient :

– Florence, je pense que tu dépasses un peu la limite du raisonnable, tu devrais plutôt essayer de trouver un autre boulot, au lieu de te pavaner jour et nuit.

– Papa, raisonnable, je le suis depuis ma naissance, j'ai plus de dix-huit ans, et j'ai l'impression d'avoir dix ans de retard sur les jeunes de mon âge... alors, sois sympa... j'ai envie de vivre un peu...

Fini les vacances, j'habite à nouveau auprès de papa et Véra, avec de nouvelles résolutions.

Je trouve un travail dans un café de la place Saint-Nicolas de Bastia. Je vends des glaces. Installée sous un parasol devant mon frigo, je sers les passants. Sans que je sache pourquoi, ce café a mauvaise réputation, et papa m'accompagne jusque-là et vient me chercher le soir.

Je continue à sortir beaucoup, la nuit, sans boussole,

découvrant un monde interlope qui aurait pu me fasciner, mais qui me fait peur.

Mon père m'a ouvert un compte à la banque... je ne compte pas. Il me fait remarquer fermement que sa maison n'est pas ouverte toute la nuit, je ne l'entends pas, il insiste, je décide de partir.

– Papa, j'en ai ras-le-bol qu'on décide pour moi... ça dure depuis trop longtemps... je repars chez Nathalie...

Sans limite, je fonce dans le sillage des copines. Les garçons ne sont que de passage, les sensations recherchées, introuvables, et quand on joue aux grands « qui couchent », c'est furtif et sans saveur.

Je m'habille comme une jeune fille, je ne veux plus être celle qu'on remarque, je me noie dans la masse, et dans la nasse aussi...

Je n'ai pas pu rester chez ma sœur, et je partage désormais un appartement avec une copine. Je n'ouvre jamais les lettres qui s'accumulent, toutes d'un même expéditeur.

– Flo, ton banquier t'a encore écrit, tu as de la chance, tu sais...

Et nous partons en riant, bêtement.

Je ne sais plus quand... un jour de lucidité peut-être. J'ai ouvert le dernier courrier de ce cher banquier et je suis tombée de très haut, soudain dégrisée. J'ai 5 000 F de découvert.

Obsédée par mon envie de ressembler à toutes les autres, persuadée que paraître suffirait, j'ai englouti mon maigre pécule dans l'achat de vêtements, inconsciente de la valeur de l'argent. Tout s'écroule. J'ai trahi papa, qui m'a sauvée de la maladie, j'ai renié le Seigneur, qui m'avait mise en garde, je me vois déjà en prison, enfermée à jamais. Je n'ai qu'une alternative : fuir ou mourir!

Sans réfléchir, comme d'habitude, je décide de partir. Retourner vers mon père est impossible, je dois quitter la Corse.

Le Seigneur m'avait dit : « Tu en reviendras de ta Corse. » Om Seigneur, vous aviez raison... Je n'ai rien trouvé de mieux que d'appeler ma mère : « Mitti, je reviens... »

C'était partir, pour mourir un peu!

Dans l'avion entre Bastia et Nice, puis dans l'autobus qui me mène à Castellane, je traîne toujours ma tête de coupable, ne sachant où puiser le courage d'avouer mes fautes à ma mère.

Elle ne m'en laissera pas le temps. A la descente du car, Mitti est là. Elle me regarde, et pour la première fois depuis des années, m'embrasse. Mon soulagement est aussi court que son relâchement. La vraie Mitti, chargée de mission divine, me toise en silence. Je reste tétanisée, mon sac à la main. Son regard dur passe de mes cheveux permanentés, à mes yeux soulignés, puis à ma jupe courte.

– Tu as vu ta dégaine... mais ma pauvre fille, on dirait une pute! Tu vas commencer par enlever ton vernis à ongles, et te couper les cheveux... Si tu veux que le Maître te pardonne, comme l'enfant prodigue l'a été, tu devras revenir vite dans le droit chemin.

C'est le verbe pardonner qui m'a sans doute réveillée et j'en profite pour évoquer mes problèmes d'argent, et la honte que je porte, et ma peur de finir en prison. La réponse est cinglante :

– Et ton salaud de père n'a rien fait, il aurait quand même pu éponger les dettes de sa fille, non ?

– Je n'ai jamais osé lui en parler, il ne sait rien.

– Il aurait dû savoir...

Mitti ne traîne pas. A peine sommes-nous arrivées à la Baume qu'elle entreprend ma reprogrammation :

– Tu vois bien aujourd'hui que tu étais possédée quand tu es partie en Corse... et bien sûr, tu as choisi la mauvaise voie, celle de la vie artificielle. Tu aurais dû rester près du Seigneur... il avait prédit ta perte. Tu dois maintenant faire disparaître toute trace de vibrations démoniaques et retrouver la bonne attitude.

Comme si je n'avais jamais quitté les hauteurs de Castellane, comme si les six mois en Corse n'avaient été qu'un mauvais rêve, je n'oppose aucune résistance. Le pouvais-je ? En revenant me réfugier à l'abri des murailles du Mandarom, en suppliant l'absolution, je ne pouvais que suivre.

C'est donc naturellement, sans aucune émotion, que j'ai immolé tous les vêtements achetés en Corse. Un grand feu purificateur devant la maison de ma mère. J'ai brûlé mon découvert !

Redevenue fanatique, comme aux plus beaux jours de mon engagement, je me coupe les cheveux, façon bonze, et ainsi, je peux affronter le Seigneur.

– Alors, on est revenue...

Le Maître fait dans l'ironie, un sourire narquois aux

lêvres et une jeune nonne à son bras. Il continue sa balade accompagnée, et me laisse là, désarçonnée, au milieu des statues monumentales.

Les premiers jours dans l'ashram me sont pénibles. Les moines et moniales me croisent sans me voir, comme si mon absence se prolongeait, comme si je n'étais physiquement pas là. Puis, quelques sourires, quelques saluts chaleureux « Comment vas-tu Priya ? », me démontrent que je m'étais égarée, et que ma vie est ici, pour expier mes fautes, me purifier et connaître enfin la Vérité.

D'autres semblent m'éviter, me pensant certainement porteuse du mal. Le chaud et le froid...

Je me remets à prier, à tourner autour des statues, mais je ne suis plus la petite fille qu'on montrait en exemple, la plus fidèle d'entre les fidèles. Je suis une impure en phase de rémission, tant que le Seigneur le voudra ainsi.

Le signe du pardon ne tarde pas. Par terre, dans la salle de séjour de la maison Lotus. Il m'ordonne de baisser mon pantalon de moniale, me plaque au sol, et me viole en silence, puis d'un geste, me renvoie à mes prières. Schizophrène comme aux plus beaux jours, j'imagine que le Maître vient d'absoudre la pénitente.

Quelle compassion chez cet homme, qui oublie que je reviens du monde perverti, me sait fragile, à la merci des sorciers ou des démons, et prend le risque de la contamination.

Cet homme est un Saint. Om Seigneur. Désormais, je vais pouvoir me consacrer à ma mission, la prêtrise.

Revenue de Corse au mois d'août, je vis donc la fin de l'été au Mandarom. On ne peut rêver mieux que ce bain mystique quotidien pour effacer les stigmates de mes errances.

Et pour ne rien perdre de cet enseignement vital, je reprends mes études comme pensionnaire, dans un lycée agricole, près de Digne. Ce double enfermement est une garantie pour Mitti. Les tentations diaboliques d'un monde qu'elle hait, seront moins fortes. De plus, n'ayant pas à se soucier de moi tout au long de la semaine, elle peut se consacrer corps et âme à son sacerdoce.

Au Mandarom, la folie s'est emparée de nos corps et de nos esprits. Les attaques démoniaques fusent et la destruction du monde est imminente. Le « Général » Hamsa Manarah dresse les plans de bataille. Jour et nuit, nous sommes enfermés dans le grand temple ou le réfectoire, toutes nos forces de concentration réunies pour refouler le mal.

Je me souviens de cette nuit épuisante où le Seigneur, complètement halluciné, étale une carte du monde sur une table, et nous désigne, en divers points du globe, les quartiers généraux des armées de l'ombre sur lesquels nous devons concentrer nos tirs. C'est en Corée du Sud, en Mongolie ou plus près, à Castellane, et ces légions du diable nous menacent.

Alors, le Maître distribue les rôles et les armes. Vajras ou shaktivels pour les uns, mantras et formules magiques pour les autres, et tout le monde sur le pas de tir. Toute la nuit, au rythme des tambours et des clochettes, nous devons rester en éveil, concentrés sur un seul objectif.

Si le Seigneur ne hurle pas dans les haut-parleurs qui inondent l'ashram, il court tous azimuts, fait le tour des équipes et au hasard, nous demande contre qui nous combattons, quel mantra nous utilisons. Il ne tolère pas les erreurs. La réponse doit être immédiate. Complètement partie, des cloches plein la tête, je suis bien incapable de lui dire ce que je fais là.

On ne dort pas, on ne mange plus, le temps des zombis est revenu. Il n'y a plus de limite au délire.

Cette nuit, en compagnie de trois chevaliers, parmi les plus fidèles, je suis envoyée dans la grotte au lion, une crypte creusée tout près du grand temple. Pour entrer, je dois franchir la porte, c'est-à-dire la gueule du lion. Enfant, je redoutais cet endroit, aujourd'hui, j'avance en flottant, inconsciente.

Dans la pièce qui se referme derrière moi, j'ai du mal à voir les chevaliers en prières, dans le brouillard des fumées d'encens. Soudain, le Seigneur, qui est dans la maison Lotus, éructe dans son micro :

– Nous devons neutraliser le plus dangereux de nos ennemis... l'anti-dieu...

C'est à ce moment là que je découvre, au milieu de la salle, un gros cube formé de petits miroirs assemblés, et surmonté d'un aimant de forme ronde. La stratégie est simple. L'aimant doit attirer l'entité démoniaque, à nous ensuite de l'empêcher de ressortir du cube.

Nous sommes tous armés des shaktivels, poignards de pierres.

Mocita, le magicien, fait la navette entre la grotte, le Lotus, et le grand temple, où le reste de la communauté est aussi en prière.

Il est le porteur des messages du Seigneur.

Sans arrêt, nous devons changer de formule, ou de chant.

Les yeux fixés sur le cube, nous tournons en chantant.

Et comme si les tambours et les clochettes ne suffisaient pas, un cri inhumain couvre tous les autres bruits, et me déchire les tympans.

Car les chevaliers utilisent maintenant des soniques, dont le son s'apparente à celui des alarmes de voiture. C'est atroce. J'ai appris plus tard, qu'à haute dose, ces soniques stridents peuvent conduire à la folie !

Debout depuis des heures dans un bain de chaleur, je suffoque, proche de la nausée, en respirant les odeurs d'encens, et j'ai la tête qui explose. Dans le bruit infernal des soniques, des gongs, et des cloches, je n'entends plus ce que je chante.

Je jette un coup d'œil à mes compagnons d'infortune. Certains sont en transe, les yeux mi-clos, ivres, obéissant, tels des chiens savants, aux ordres du Maître, qui jaillissent des haut-parleurs. D'autres agitent leur poignard, à bout de bras, et miment un combat inégal contre un ennemi invisible. Je ne sens plus mon corps, je ne suis que l'ombre de mes frères et sœurs, refaisant leurs gestes comme une marionnette au bout des fils.

Douze heures plus tard, quand le bruit s'arrête, un bourdonnement persistant m'empêche de comprendre le message du Seigneur, qui vient de donner l'ordre du cessez-le-feu.

Puis la voix amplifiée parvient à mes oreilles : « Nous venons d'enchaîner l'anti-dieu, mais nous devons rester vigilants. D'autres entités nous menacent... elles viendront de planètes parfois lointaines... le travail continue, notre tâche est vitale pour sauver notre terre, et les pays, et la France, et notre Monastère... préparez-vous mes amis, le temps presse... »

Complètement abrutie, je retrouve difficilement le dortoir des filles et ma couche. Inutile de repartir dans la maison de Mitti. Toutes les énergies sont réquisitionnées dans l'ashram. Oppressée, je ne ferme pas l'œil, redoutant une attaque démoniaque.

La plupart des moniales sont comme moi, dans les tranchées, prêtes à bondir sur l'ennemi qui oserait se présenter.

Le Maître attendra que le sommeil nous gagne, pour sonner la charge. De son quartier général, dans le Lotus, il donne de la voix :

– Chevaliers, d'autres entités nous attaquent, venant de Desdémona, Pasiphaé ou Ganymède, relevez-vous et combattez pour le salut de notre mission...

Dans les secondes qui suivent, toutes les sirènes du Mandarom se mettent à hurler, comme avant un bombardement, puis presque immédiatement, c'est une explosion qui nous persuade que le monastère est en danger. Je ne savais pas qu'on attaquait désormais au canon. C'est la première fois que de telles armes sont utilisées. En fait d'artillerie, il s'agissait seulement du premier pétard de la guerre terrestre, qui vient de commencer !

Les ordres et les contrordres fusent. Entre les vociférations du Seigneur dans son micro, et les hurlements de Mocita sur le terrain, nous ne savons plus où donner de la tête. Nous piquons dans une direction, on nous intime l'ordre d'aller combattre ailleurs.

Armée de mon shaktivel, je cours vers une sœur « infiltrée » par le démon. D'autres chevaliers m'aident à cerner l'impure. Puis le Seigneur éructe, les ordres se déversent par les haut-parleurs : « Attention, les démons passent par les fils électriques, il y en d'autres dans les fosses septiques... et maintenant dans les toilettes. Courez et combattez... »

Me voilà repartie vers les W.-C., mon poignard dans une main, une clochette dans l'autre. Et je chante mes mantras devant la cuvette en provoquant des démons invisibles. Il est interdit de s'aventurer seul aux toilettes envahies, d'autres chevaliers sont donc à mes côtés.

L'ashram est un immense champ de bataille. Le bruit est infernal. Cloches, soniques, gongs, chants et cris, tout notre arsenal y passe. Je cours et manque de tomber. Un pétard vient d'exploser sous mes pieds. Complètement apeurée, je cherche des yeux l'artificier coupable de cette bévue. Il a déjà disparu.

Nous combattons depuis cinq heures, sans interruption, quand un ordre parvient par talkie-walkie. Une armée de démons attaque près du grand Bouddha. Toutes les forces disponibles sont rassemblées, chaque chevalier reçoit un pétard et un briquet, et au signal, l'assaut est donné. Tous les explosifs sont lancés simultanément. Pendant quelques minutes, je n'entends plus rien. J'ignore si les entités démoniaques ont été repoussées, le seul élément vérifiable étant l'odeur de poudre.

Je n'en peux plus. Mes frères et sœurs ne sont pas plus brillants. Les seuls qui semblent prendre un certain plaisir à cette guéguerre sont les enfants. Sans doute croient-ils à un jeu... alors que l'avenir du Mandarom, celui du monde peut-être, est menacé. D'ailleurs, les démons ne desserrent pas leur étreinte. Le Seigneur lui-même est obligé de rejoindre ses troupes.

Je le revois encore sortant de sa maison Lotus, vêtu d'un treillis militaire, chaussé de rangers, avec à la taille, une ceinture de protection en cuir, remplie de pierres semi précieuses et d'herbes magiques. Sous sa veste kaki, le Maître porte un gilet pare-balles, au cas où sa ceinture de magicien ne suffirait pas. Sur sa tête, une coiffe curieuse, que je n'avais encore jamais vue. Il porte bien son bonnet pourpre, sale, comme d'habitude, mais aujourd'hui, il a rajouté un bandeau rouge sur lequel ont été collés de petits miroirs, de différentes formes.

Aux chevaliers qui s'étonnent, le Maître explique qu'il s'agit d'un bandeau de protection contre les entités démoniaques. Nous serions équipés, à l'intérieur du crâne, au niveau des tempes, de petites boîtes dont se servent les démons pour nous programmer. Les bandeaux protégeront nos têtes fragiles. Les démons, ne supportant pas leur image reflétée dans les miroirs, exploseront en vol. A partir de ce jour, le port de ce diadème de pacotille sera obligatoire.

Aux premiers temps de la guerre terrestre, nous ferraillons jour et nuit. Ceux d'entre nous qui ne s'époumonent pas en traquant des diables sournois, aux quatre coins de l'ashram, sont en prière dans le grand temple. Là encore, le bruit assourdissant est insupportable.

Nous faisons feu de toutes nos armes : gongs ou cymbales, clochettes ou soniques, deux énormes tambours donnant le rythme. Nos mantras sont plus hurlés que chantés, quand nous devons couvrir cette cacophonie infernale. Parce que toutes les énergies sont indispensables dans ce que le Seigneur présente toujours comme le combat de la dernière chance, les enfants participent aussi à ces rituels de nuit. Les plus petits, des bébés parfois, sont allongés dans des couffins de fortune aux pieds de leurs parents en quête d'absolu, absolument manipulés.

Ayant moi-même du mal à supporter le mélange détonant des soniques et des fumées d'encens, je me suis étonnée de ce qu'on fasse subir une telle épreuve à des enfants. « Il n'y a pas de problème, m'a-t-on répondu, c'est une bénédiction pour eux de participer au sauvetage de la Terre. Ils s'en souviendront toute leur vie. » C'est vrai, ces enfants seront marqués à vie, comme je l'ai été.

Dehors, les combats font rage. S'éclairant d'une lampe de poche, le Seigneur, toujours déguisé en soldat, est à la manœuvre. Ce ne sont plus de simples pétards, mais des fusées de feu d'artifice qui illuminent le ciel du monastère. Les statues géantes, soudain éclairées, sont encore plus hideuses.

Les sons d'alarme, les cornes de brume, et les cris se font entendre partout dans l'ashram. Pour seule lumière, des dizaines de petits feux, qui marquent les limites du monastère, sont censés repousser les démons. Ces feux, allumés dans de grosses boîtes de conserve, sont alimentés en gas oil, toute la nuit. Nous étions déjà « azimutés », nous voilà mazoutés.

Plus tard, un moine, spécialiste de la taille des miroirs, installe devant le grand Bouddha, une énorme boule d'un mètre de diamètre, tout en glace. Des projecteurs sont dirigés vers ce stroboscope géant que le moine fait tourner, et la lumière renvoyée vers le ciel élimine des millions de démons, surpris par une arme aussi sophistiquée.

Dans la nuit, la psychose est plus forte. Je sursaute pour des riens, un chien qui s'enfuit, un chevalier qui surgit d'on ne sait où, un hurlement de panique d'une « possédée ». Quand l'affrontement se fait moins intense et que je peux prendre un peu de repos, je n'ai ni la force ni le courage de regagner la maison, à deux cents mètres de là. Le Seigneur nous a mis en garde si souvent :

– Attention aux entités qui cernent notre ashram... elles n'attendent qu'une chose, que vous sortiez, pour vous sauter dessus, s'agripper à vous et ainsi, pénétrer dans l'enceinte du monastère...

Complètement terrorisée, je ne quitte plus le Mandarom, et je finis la nuit dans un dortoir glacial, sans couverture, sans dormir, des gerçures couvrent mes jambes. Dans le dortoir des femmes, les lits en bois sont superposés. Je suis allongée sur le lit du bas. Au-dessus de moi, Vandhana, une nonne plus jeune que moi, plus délirante aussi. Des nuits entières, elle me parle de combats intersidéraux au-dessus de nos têtes, de gentils gnomes, entités de la nature, convertis et désormais soldats de la lumière, face à d'horribles démons venus de planètes lointaines. L'imagination si riche de Vandhana lui vaudra plus tard le titre de voyante.

Au-delà de la peur, je garde de cette période de guerre le souvenir du froid. Le thermomètre est parfois descendu jusqu'à – 20 °C. Il est arrivé que le pétard antidiable explose dans mes mains sans que je ressente la moindre douleur. J'étais anesthésiée par le froid.

On ne dort plus, pas le temps de manger. J'ai faim et je dois me contenter d'imaginer des repas de reine, tout en me disant que je n'ai pas la bonne attitude. Au Mandarom, le rêve éveillé est aussi interdit ! Dans le temple, les malaises se multiplient. Ceux qui flanchent « ont une faille par laquelle une entité du mal peut se faufiler ». Ils repartent coupables mais se remettent en prière, dès qu'il recouvrent leurs esprits.

De retour dans sa maison Lotus, le Maître se précipite sur son micro car un nouveau bataillon d'entités interstellaires fond sur le Mandarom... « des agents de l'ombre se sont infiltrés dans notre monastère... ils sont chargés de tuer le Médiateur des Cieux... mais la Puissance du Verbe de Feu aura raison de ces intrus... préparez vos armes... »

Dans le grand temple, nous sommes immédiatement informés de ce combat de plus. Cette fois, la situation est grave, les démons veulent s'attaquer à notre Maître. Chants et vacarme redoublent d'intensité.

Soudain, il entre. Tête baissée, son sceptre à la main, le Seigneur a décidé d'affronter ses ennemis aux côtés de ses chevaliers. Quel courage ! Il n'a pas quitté son treillis et le bruit de son pas militaire résonne dans le temple devenu silencieux. Le Maître s'assoit sur son trône, et c'est là que je remarque, pendue à son cou, une arme magique qu'il porte très rarement. Une pièce métallique ronde, plantée de petits tridents menaçants, pointés vers l'ennemi, avec en son centre, un miroir antidiable. Le seul fait que le Seigneur arbore cette arme nous persuade que l'instant est crucial.

D'un geste, Hamsa Manarah relance la fanfare des paranos. Parfois, il se lève brusquement, et saisissant sa hache de foudre, en forme de tête de chien, il se met à danser. Le combat est épique.

Puis c'est Mocita qui déboule en plein rituel, porteur d'un message de la plus haute importance pour notre Seigneur. Mocita est voyant, et grâce à lui, l'ennemi est repéré dès qu'il approche du Mandarom. D'après la missive, le maréchal Fouta Djalon, qui a son quartier général au Chaffaut, près de Digne, fonce sur l'ashram, à la tête de milliers d'anges de l'ombre, beaucoup plus dangereux que tous ceux que nous avons exterminés depuis le début de la guerre.

Le Seigneur réagit en grand stratège. « Préparez les miroirs sacrés, le canon lanceur de disques acérés, et visualisez des lance-flammes psychiques... »

Fouta Djalon est un coriace, et nous avons sorti la grosse artillerie.

Le combat se poursuivra toute la nuit, sans manger ni boire, dans la brume irrespirable de l'encens, l'esprit en orbite dans le cosmos.

Dès le lever du jour, je me surprends à regarder du côté de la porte du Temple. C'est par là que doit arriver Mocita, détenteur de la vérité, qui nous révélera si nous avons vaincu. Enfin, il est là. Le Seigneur prend le bout de papier que lui tend le voyant, et l'air satisfait... « Mes amis, le combat s'achève, nous sommes victorieux, la Mission est triomphante, mais la lutte continue... Restons vigilants... »

Alors, Scylla, un chevalier fanatique et parmi les plus dangereux du Mandarom, pousse un cri : « Notre Seigneur est victorieux ! »

Immédiatement, tous les participants au rituel reprennent le slogan en hurlant, un bras tendu, comme le faisaient les membres du parti national-socialiste, il y a cinquante ans, en Allemagne. La seule différence avec les nazis est que nous formons le O de *OM*, avec le pouce et l'index. Pour le reste, pendant dix-huit ans, comme tant d'autres, j'ai survécu à un système totalitaire.

Quand nous ne pouvons pas détruire nos ennemis, nous tentons d'en faire des amis. Pour cela, nous utilisons le Miroir de Justice. Un bouclier en forme de croix, avec au centre, une géode prolongée par une pointe, le tout serti de miroirs. Le Seigneur tient l'écu magique à bout de bras et le présente à tous les chevaliers rassemblés. Puis il le dirige dans toutes les directions de l'espace. Généreux comme à son habitude, Hamsa Manarah laisse une dernière chance aux entités terrassées... « Milliards d'entités, convertissez-vous et devenez des serviteurs de la lumière. »

Même si nous savons que ces agents de l'ombre seront détruits s'ils refusent la conversion, nous ignorons toujours le résultat des expériences de notre Seigneur, ce qui nous oblige à remettre ça le lendemain. Quelques démons récalcitrants ont pu échapper au massacre, nous devrons les mater. Demain, pendant plusieurs jours, des semaines durant.

Du 22 décembre 1984 au 5 février 1985, nous avons exterminé 550 milliards 207 millions de démons. Nous sommes tous au bord de l'épuisement mais fiers d'avoir sauvé celui qui se fait désormais appeler « l'Envoyé des Cieux ».

Si nos plus proches voisins n'ignorent rien de nos combats, ayant passé avec nous quelques nuits blanches, les habitants de Castellane, eux, n'imaginent pas nos luttes pour le salut de leurs âmes. Aussi regardent-ils avec un rien d'ironie ceux qu'ils appellent « les doux dingues », lorsque nous descendons faire des courses au village.

Il est vrai que nous donnons l'impression d'être là, sans y être, les yeux fixes et un sourire niais aux lèvres. Nous ne marchons pas, nous planons. Comme il nous est interdit de manger dans la rue, en raison des vibrations négatives du monde profane, nous dévorons nos pizzas et nos gâteaux, seuls remèdes à une faim tenace, dans la voiture. Tous nos véhicules sont « protégés » avant d'être utilisés.

Chapitre 9

Ce texte, nous le signons avec notre sang

Cette guerre terrestre n'aura pas amélioré mon niveau scolaire. J'ai surtout brillé par mes absences, toute entière vouée à la lutte pour la survie de mon Seigneur.

En fait, je ne trouve aucun intérêt à l'apprentissage d'un métier qui ne me plaît pas (Accueil en milieu rural) et que je n'exercerai pas, dans un monde perverti, que je n'aime pas. Je n'ai même pas réussi à me faire accepter de mes camarades de classe. A mon retour de Corse, je leur ressemble encore un peu, mais au fil du temps, l'emprise du Mandarom est telle que je redeviens celle que j'ai toujours été par le passé, une nonne pitoyable.

D'ailleurs, mes œdèmes et les diarrhées réapparaissent, comme pour me rappeler qui j'étais, qui je suis. Les seuls signes de lucidité que je montre sont mes larmes, lorsque je vois partir mes copines en week-end, avec leurs parents. Elles vont faire du sport, de la danse, aller au cinéma, chez des copains. Moi qui veux vivre, n'ai d'autre perspective qu'une petite route en lacet qui mène au Mandarom.

Auparavant, j'ai pleuré dans un wagon du petit train des pignes, qui me mène de Digne à Saint-André-des-Alpes. Là, invariablement, je retrouve Mitti qui n'hésite jamais à me culpabiliser un peu plus... « J'ai dû sortir d'une réunion de résidents au Mandarom, pour venir te chercher... »

Comme toutes les semaines, je dois assister au cours de yoga que donne ma mère, à Saint-André. La salle est immense et froide, j'y suis mal, mais j'y suis. Et je pleure toujours. Mitti, fine psychologue, me donnera des calmants, à dose homéopathique, pour réduire un peu plus mes capacités de résistance, sans doute. Quand nous arrivons enfin dans notre maison de la Baume, ma mère me laisse là, seule, dans une maison mal chauffée. La guerre terrestre m'a brisée, je m'accorde un répit jusqu'au lendemain. Mitti s'en fiche et file tout droit vers son Maître, le seul être qui compte, à ses yeux.

Moi, je ne comprends plus rien de ce qui se trame là-haut. Les rituels, les initiations, les séances d'enseignement, ont disparu. Désormais, c'est la guerre totale.

L'épopée héroïco-démoniaque vient de commencer, elle ne s'arrêtera que cinq ans plus tard. Cinq années de persécution permanente pour le Seigneur, attaqué jour et nuit, cinq années de soumission, d'humiliation, et de folie pour l'ensemble de ses fidèles.

Sorti vainqueur de la guerre terrestre, Hamsa Manarah a fait des jaloux. La déesse Durga, un des avatars de

Kali, sera une des premières victimes de la colère du nouveau Maître des Cieux.

En la découvrant un jour, coiffée d'un sac-poubelle, je ne me suis pas inquiétée. Cette statue de deux mètres de haut a certainement été réparée, et il faut la protéger, me dis-je. Peu après, pourtant, je suis intriguée par l'étrange manège de quelques moines, armés de shaktivels et de vajras, tournant autour de la statue en récitant des mantras agressifs. Mais rien n'y fait, le travail psychique ne suffit pas, Durga est décidément incurable. Le Seigneur la dit révoltée, ne supportant pas la concurrence d'Hamsa Manarah.

Des anges de l'ombre ont investi la déesse indienne, qui représente un danger pour la mission. Le lendemain, quatre moines s'avancent vers la statue. Cette fois, ils ont d'énormes masses dans les mains.

« Om, klim, gom, dem, kalam, kham, kham, hum, phat... » Les chevaliers frappent en chantant leurs mantras de décalquage, puis de dissolution. « Ksham, ksham, kshayam... »

A l'évidence, les moines destructeurs prennent un certain plaisir à abattre ce démon, qui a tenté, sans succès, de tromper le Maître en prenant les traits d'une déesse protectrice.

Maintenant, Durga est en ruine. Om Seigneur !

Ainsi, progressivement, le Seigneur donnera l'ordre de détruire des dizaines de statues rebelles. Celles qui ne sont pas décapitées sont converties à l'aumisme. La Maria Cosmica, une représentation de la Vierge Marie, devenue perverse, ennemie du Seigneur, tient désormais un pistolet laser. Elle est prête au combat! Faisant le vide autour de lui, sans crier gare, le Maître du Mandarom se pose en Maître des Cieux. S'il n'en reste qu'un, il sera celui-là! Et nous, pantins dérisoires, avons alimenté cette mégalomanie.

Des médailles de cuivre, à l'effigie du Seigneur, sont vendues à la boutique de l'ashram. Elles sont hors de prix, mais des chevaliers zélés n'hésitent pas à acheter. D'après notre Seigneur, les entités démoniaques utilisent tous les moyens pour nous attaquer. Les agents des impôts, qui voudraient savoir d'où provient l'argent qui nous sert aux constructions... démons. Les gendarmes, alertés par ces voisins insomniaques qui détestent les feux d'artifice... démons. La Marine française, qui met au point des sous-marins dans le lac de Castillon, nous bombarde d'ondes négatives et de germes de maladie... démoniaque. Les bergers qui se plaignent des attaques des chiens du Mandarom sur leurs troupeaux... démons.

Le portail, installé peu de temps avant la guerre terrestre, ne suffit plus. L'ashram va devenir une forteresse. Des miradors sont érigés. Jour et nuit, des chevaliers guetteurs, jumelles au poing, surveillent les alentours du Mandarom. D'autres moines, entraînés aux arts martiaux, ne quittent plus le Maître, qui ne sort plus sans son gilet pare-balles. Les tours de garde sont mis en place. Dans une guérite, près du portail, je joue parfois les vigies. Sur un cahier, je note toutes les entrées et les sorties, et tout mouvement suspect. Quand un avion passe dans le ciel de l'ashram, quelle que soit l'altitude à laquelle il vole, le Seigneur se précipite dans le temple le plus proche, et reste caché, jusqu'à ce que « l'oiseau de fer » disparaisse.

La menace est si grande que le Maître en appelle à tous ses fidèles. Nous sommes sortis vainqueurs de la guerre terrestre, certes, mais la victoire est provisoire. Aucun d'entre nous ne doit oublier le pacte qu'il a passé avec le diable, à un moment donné de sa vie monacale, et les interventions du Sauveur, Hamsa Manarah.

Pour effacer cette dette, les chevaliers sont donc invités à se rallier au Seigneur. Au cours d'un rituel, nous rédigeons un texte dans lequel nous nous engageons, à la vie à la mort, à défendre la mission et notre Maître. Nous sommes des privilégiés, futurs missionnaires, et si nous recevons tant, c'est parce que nous devrons beaucoup donner.

Ce texte, nous le signons avec notre propre sang!

En apparence, Bourdin présentait cet engagement comme un acte libératoire pour nous. En réalité, il emprisonnait les plus fanatiques, et aujourd'hui, certains irréductibles sont prêts à donner leur vie pour lui.

Le problème avec la paranoïa aumiste, c'est que non seulement nous surveillons les ennemis extérieurs à l'ashram, mais aussi ceux qui, parmi nous, enfreignent les règles de « bonne attitude ». Je serai une des victimes de cette délation érigée en système, au cours de l'été 1985.

Au début, je me demande pourquoi Varsham, le moine « orfèvre », spécialiste des miroirs, passionné de yoga, s'intéresse tant à moi. Pour les prières tournantes, autour du Bouddha, quand frères et sœurs sont mélangés, il s'arrange toujours pour tourner à mes côtés. Durant les soirées artisanales, où nous achetons toutes sortes d'objets plus inutiles les uns que les autres, Varsham tient le stand de la magie. Très patiemment, il m'explique les vertus de tel ou tel talisman. Je ne comprends pas grand-chose, mais l'important est d'être près de lui. Je suis fière d'approcher celui qui fait partie des « mousquetaires » du Seigneur, un des représentants de l'élite.

Le week-end suivant, alors que je rentre dans la « grotte miraculeuse », une salle destinée à la vente des livres du Maître aux visiteurs de passage, je trouve Varsham, faisant du rangement.

Le hasard nous a tellement rapprochés que nous finissons par nous embrasser.

– Viens dans ma cellule, me dit-il.

– Non, c'est trop dangereux, pas dans le monastère...

Comment réagira le Seigneur s'il apprend que je l'ai trahi une fois de plus, avec un moine qui semble oublier ses vœux de chasteté ? Ce double reniement provoquera une colère terrible. En outre, je sais qu'il possède un passe-partout lui permettant d'entrer dans toutes les cellules des moines et des moniales, auxquelles il lui arrive de rendre visite, la nuit. Nous ne pouvons pas courir un tel risque. Alors, nous allons nous cacher !

Hélas, notre discrétion n'a d'égale que notre naïveté. Dès le deuxième baiser, dans l'atelier où il travaille verre et miroirs, nous sommes repérés et dénoncés.

Le lendemain, nous sommes renvoyés, sans autre forme de procès. Nous n'avons même pas vu le Maître.

La sanction m'est transmise par Mitti, visiblement satisfaite. Je ne suis plus un obstacle pour elle. Elle me croit humiliée alors que je suis soulagée. Toutes ces années, malgré les souffrances accumulées, les viols répétés jusqu'à cette année 85, les délires partagés avec mes « frères et sœurs », je n'avais jamais eu le courage ni la force de partir. Aujourd'hui, on me demande de partir, sans m'interdire de poursuivre ma voie spirituelle. Après mon échec corse, je dois passer par le purgatoire. Et Varsham avec moi.

Chassés en même temps, nous décidons de ne pas nous quitter. Après avoir raté mon B.E.P pour « absences répétées », je n'ai plus rien à espérer de ma mère, et je décide de partir. Sans emploi, sans toit, sans but, nous nous installons dans le Jura, recueillis par les parents d'Alphonse, le prénom profane du moine Varsham.

J'ai dix-neuf ans, il en a onze de plus.

A Morez, auprès des parents d'Alphonse, je retrouve une chaleur, une affection qui me ramènent plus de dix ans en arrière, quand j'avais encore une famille. Je suis accueillie comme leur enfant, et ils n'auront de cesse que de faciliter notre installation. Alphonse et moi trouvons du travail dans une lunetterie. Lui est magasinier, je décore les montures avec de la laque.

Je garde de cette année passée dans le Jura, des souvenirs de balades dans les forêts de sapins, les baignades dans les lacs, mes premières chutes à ski, la découverte d'un monde qui m'était jusque-là interdit.

Le Seigneur nous le disait perverti, je le trouve fascinant.

Nous recevons un jour une lettre signée Hamsa Manarah, dans laquelle le Maître nous explique que nous ne pourrons pas remettre les pieds dans le monastère pendant un an, parce que nous avons fauté. Moi, Priya, en raison de mon attitude anti-chevaleresque et Varsham, parce que moine ayant fait vœu de chasteté, il n'aurait pas dû s'intéresser à une moniale. Me souvenant de ses assauts d'obsédé sexuel, je trouve le Seigneur culotté, mais je suis soulagée du répit qu'il veut bien nous accorder.

Alphonse garde quelques séquelles des trois ans passés au Mandarom en tant que résident. Il a aménagé son temple, exposé quelques armes magiques, et commence ses ascèses dès l'aube. Les premiers temps, je l'accompagne, mais très vite, je ne me lève plus. Son temple ressemble trop à celui de ma mère ! Alphonse poursuit sa voie initiatique, mais le contact quotidien avec le monde ouvrier, le fait que nous soyons loin du Mandarom, et la présence attentive de ses parents, nous aident à apprendre à vivre. Hélas, ce bonheur simple ne dure pas, Alphonse est resté Varsham. Chassez le chevalier, il revient au galop !

Je suis enceinte. Je ressens d'abord une grande joie, mais les réactions d'Alphonse et de sa famille brisent vite mon enthousiasme. Ils ont certainement raison. Je n'ai pas encore vingt ans, nous débutons notre vie commune, nous n'avons pas de logement, je me résigne donc à l'avortement.

– Nous n'irons pas à l'hôpital, me dit Alphonse, je connais un magnétiseur à Avallon, il fera l'affaire...

Je l'ai suivie, machinalement, comme je mettais en pratique les recettes des magiciens du Mandarom. Après plusieurs séances, le magnétiseur est formel :

– Voilà, le fœtus a disparu, vous pouvez reprendre une activité normale...

Alphonse est tout sourire :

– Tu vois qu'on a bien fait d'éviter l'hôpital...

Quinze jours plus tard, j'entrais d'urgence dans une clinique pour une IVG. Mon ventre n'avait cessé de grossir !

Peu de temps après, Alphonse reçoit un coup de fil d'une amie de Montchanin, adepte du Mandarom.

– J'ai une super affaire pour toi, lui dit-elle, je vais quitter Montchanin, où je donne des cours de yoga... je vais me faire nonne auprès du Seigneur... alors, si tu veux, tu récupères la salle, ma clientèle et mon appartement... mais fais vite, je pars dans une semaine...

Quand Alphonse me demande mon avis, sa décision est déjà prise. Sa passion du yoga est la plus forte, nous irons donc à Montchanin.

Moins d'un an après notre départ précipité de Castellane, nous voici de retour, comme si nous ne pouvions échapper à l'emprise du Maître des Cieux. Il n'est pas question de retourner au monastère, mais en même temps que le cours de yoga, nous nous occupons d'un Pôle de lumière, sorte de succursale du Mandarom, où l'on vend les livres signés Hamsa Manarah et toutes sortes d'objets artisanaux fabriqués par les moines aumistes. Ventes sur lesquelles nous ne touchons rien, bien entendu. Accessoirement, nous jouons les rabatteurs, promoteurs de l'unité des religions, à laquelle je ne crois plus vraiment, depuis que le Seigneur a ordonné la destruction de la statue de Ganesha, ce Dieu qui a accompagné mon enfance et favorisé ma formation de moniale.

Je redoute de replonger dans le système mandaromien et en même temps, je suis prête à relever le challenge : prouver au Maître qu'il s'était trompé, que nous étions de fidèles chevaliers et non pas les dépravés qu'il avait chassés de son entourage. Je suis stupéfaite en découvrant la saleté de l'appartement que nous a laissé celle qui est désormais nonne à Castellane.

Mais nous ne pouvons plus reculer, d'autant moins qu'Alphonse, toujours prisonnier de ses engagements, veut réparer ses fautes et retrouver ses frères et sœurs du Mandarom le plus vite possible. Les cours de yoga peuvent l'aider. Il me demandera donc d'oublier la crasse du logis et le découragement qui me gagne, pour l'accompagner dans sa tentative de réhabilitation.

Hélas, le yoga ne nourrit pas son homme... ni sa femme. Dès mon arrivée à Montchanin, je me mets en quête d'un job. Je suis embauchée dans un magasin comme vendeuse quand Alphonse est appelé d'urgence au Mandarom. Son talent pour ciseler les miroirs est indispensable. Car là-haut, le délire se poursuit.

Après avoir éliminé les dieux jaloux, Hamsa Manarah, l'Envoyé des Cieux est en conflit avec d'autres entités déguisées en agents de l'ombre, infiltrées dans la terre ou au fond des océans, dans les états-majors des armées ou les gouvernements. Il s'en prend à certaines plantes, transformées en agents de renseignements, à des animaux programmés pour le tuer, à des germes de maladies venus d'on ne sait où. Par bonheur, le Seigneur a su déjouer les plans diaboliques de ces esprits maléfiques. Il est « sain » et sauf !

Dans la première quinzaine du mois de février 1986, notre Maître et ses troupes ont détruit 50 milliards de dieux, demi-dieux et entités supérieures qui les empêchaient de dormir !

Ils ne vont pas se reposer pour autant, car d'autres combats les attendent.

J'attends aussi le retour d'Alphonse. Il m'a laissée seule pendant trois mois. J'ai l'impression de revivre le cauchemar des années passées auprès de ma mère. Une partie de notre appartement est réservée au yoga et aux activités spirituelles. Ainsi, deux fois par semaine, j'organise et anime les méditations... chez nous. Tous les chevaliers externes vivant dans le secteur participent à des prières interminables afin de purifier la terre, nous préserver de l'apocalypse annoncée, et bien sûr, protéger le Seigneur.

En mode automatique, je me lève tous les matins à six heures, je protège l'appartement en faisant mon quadrilatère de protection avec mes bâtons d'encens, des lumignons éclairent la photo du Seigneur à la cuisine et dans le salon. Comme chez Mitti, ma maison est un temple.

Comme chez Mitti, je présente une double face. Vendeuse le jour, et nonne le soir. Mais l'austérité de cette vie me pèse moins, sans doute parce que ma mère n'est pas là. Les combats que je livre contre des démons infatigables ne sont plus que des cauchemars. Lorsque je me réveille, en nage, je suis dans mon lit, à quatre cents kilomères de Castellane.

Alphonse m'envoie des cartes postales et me téléphone. Il travaille jour et nuit à la confection de boucliers de protection ou de coiffes destinées au Maître. Il est épuisé, mais en paix avec lui-même. Il n'a pas failli.

Dès son retour, Alphonse est tout heureux :

– Tu peux retourner au Mandarom, tu as purgé ta peine...

Nous voilà donc repartis vers l'ashram, tous les week-ends, comme avant. Nous retrouvons les fous de dieu en pleine bataille, cosmique cette fois. Des milliards de nouveaux démons, venus des étoiles, constellations et autres galaxies, menacent le Mandarom.

Le Maître a mis en place un bouclier psychique de défense de notre planète, comme dans les bandes dessinées de science-fiction qu'il se fait ramener de Suisse. Il a même inventé des aéronefs armés qui se déplacent à la vitesse de la pensée. Avec une telle puissance, jamais atteinte, le Seigneur gagne la bataille. Des milliards de démons et quelques planètes sont détruits. Mais à quel prix ! Les chevaliers que nous retrouvons ont combattu, prié, veillé, sans manger, sans boire, et parfois, sans pouvoir se laver. L'armée d'Hamsa Manarah n'est plus qu'une horde de clochards du cosmos, maigres, crasseux, ayant perdu tout sens du réel, incapables de se voir ridicules.

Quelques semaines plus tard, lorsque nous arrivons au Mandarom, on nous impose tout de suite le silence.

– Le Seigneur a fait appeler près de lui ses principaux chevaliers, la situation est très sérieuse... Notre communauté est menacée... physiquement.

C'est Svarga qui nous parle. Son visage est décomposé. Je commence à avoir peur. Qu'est-ce qui se passe ?

Autour des statues, la rotation de mes frères et sœurs me semble empreinte de gravité. Tous ont la tête baissée, plus humbles que jamais. Les tambours et les clochettes donnent le *la*.

Sous une véranda, transformée en temple dédié à notre maître, des moniales ont allumé un feu. Une odeur douce de plantes aromatiques, qui vous pénètre autant qu'elle imprègne vos vêtements, flotte dans l'air. Une femme, douée de pouvoirs magnétiques, prie les yeux fermés, en position de yogi.

Au loin, on entend des chants lancinants, dans le temple de Kalki. Le soleil est plus fort et plus chaud, comme s'il n'accordait lumière et chaleur qu'aux seuls chevaliers du Lotus d'or.

Sans réfléchir, je me dirige vers la statue du grand Bouddha. Si le Mandarom est menacé et si quelqu'un peut le sauver, il n'y a qu'un allié de notre Seigneur qui le peut... Je marche, maintenant, comme les autres, mantras « en bandoulière ». Je ne sais pas combien dure la prière tournante. Des heures sans doute. L'odeur des plantes, entêtante, le son des clochettes, affolant, les formules en sanscrit, des milliers de fois répétées, me projettent hors du temps.

Quand je reviens à moi, c'est pour apercevoir un

groupe de chevaliers, dispersés dans la montagne, tous armés de bâtons avec lesquels ils frappent régulièrement le sol...

C'est la première fois que j'assiste à ce nouveau rituel.

En fait, nous apprendrons de la bouche de Dipta, ce moine membre de la garde rapprochée du Seigneur, qu'un hélicoptère de l'armée aurait largué sur le monastère, des milliers de vipères. Les chevaliers aux bâtons ne venaient pas d'inventer un nouveau rituel. Ils tentaient de faire peur aux serpents programmés pour détruire notre communauté.

Par la suite, j'ai souvent rêvé de fuites éperdues devant une armée de serpents démoniaques, les premiers ennemis visibles du Mandarom. Puis, on oubliera bien vite cette menace rampante. En fait, il n'y avait pas plus de vipères que celles que je croisais dans la montagne, avec d'autres enfants, lors de nos séances d'initiation. Ces largages de serpents étaient destinés à un couple de vautours qui avait investi la montagne de la Baume.

A Montchanin, je me retrouve de plus en plus seule. Le Seigneur appelle régulièrement Alphonse pour de nouveaux travaux, en vue de futurs combats intersidéraux. Imperceptiblement, comme il l'avait fait avec ma famille, Bourdin détruit ce que nous tentons de construire à deux, et Alphonse ne se rend compte de rien, trop flatté sans doute d'être devenu incontournable à l'aube d'une nouvelle guerre.

Abandonnée, je passe des heures en contemplation après ma journée de travail, dans ce temple qu'est devenu notre appartement. La crainte continue de me faire avancer. Crainte de me tromper, d'oublier mes engagements, de déclencher la colère divine après avoir subi les tourments démoniaques. Je repense à Mitti, ma mère, à Alphonse, à tous ceux qui se battent auprès du Seigneur. Ils ne peuvent pas tous faire fausse route. Le Maître nous l'a annoncé, la délivrance approche, et ceux, comme nous, qui avons contribué au sauvetage de la terre, seront les premiers servis. Après tout, nous représentons l'élite, enfants de la Lumière... Le jour, la nuit parfois, j'oscille entre ce sentiment de culpabilité qui m'obsède depuis tant d'années, et l'envie irrépressible de vivre.

Financièrement, notre situation est catastrophique, et là encore, Alphonse, empêtré dans ses miroirs guerriers, semble avoir quitté ce monde. Travaillant sans cesse dans son atelier de verre pour entretenir la mégalo de son Maître, il a réussi à négocier un tarif réduit pour ses séjours à Castellane. Moi, en revanche, je paie très cher, trop cher. Je décide donc de raccourcir mes périodes de séminaire au Mandarom.

Comme s'il n'avait d'autre but que de briser notre union, le Seigneur ne desserre plus son étreinte sur Alphonse. Ainsi, alors que nous avions projeté de passer Noël ensemble, Alphonse est convoqué d'urgence. Je tente de le retenir.

– Et notre réveillon, tu as oublié...

– Ecoute, Florence, le Seigneur a besoin de moi, il a reçu un nouveau message, c'est vital !

– Et moi, qu'est-ce que je fais seule dans cette grande baraque ?

– Tu ne vas pas rester seule, tu es invitée chez une élève à moi, j'ai tout prévu...

– Mais je la connais pas...

– Tu verras, elle est très sympa... elle s'appelle Aline.

Abattue et résignée à la fois, je laisse filer Alphonse, et je reste là, avec pour seule perspective, une nuit de Noël dans une famille qui n'est pas la mienne. Et c'est à ce moment-là que je pense à papa. Voici quelques années, lui aussi a souffert, seul devant une table de fête, attendant toute une nuit que nous revenions de nos rituels de purification au Mandarom. Pour moi, il n'y a pas de doute, je paie aujourd'hui la dette du gâchis provoqué par mon aveuglement, et pour les tortures infligées à papa. Plus de dix ans déjà...

Je n'ai pas revu papa depuis mon départ précipité de Corse. Il vit aux Etats-Unis, je l'ignore. A ma demande, Mitti brûle systématiquement les lettres qu'il m'envoie à Castellane. Mon père représente la tentation démoniaque, le monde perverti. Je m'interdis tout contact avec lui. Avec ma sœur aussi, d'ailleurs. Nathalie a tout fait pour me retrouver, parcourant des milliers de kilomètres à bord de sa 2CV, du Midi vers le Jura, en passant par l'Ardèche. Quand elle frappe à ma porte, à Montchanin, je la repousse. Alphonse voit en elle un être diabolique, et nous refusons de l'héberger. La maison des sectaires reste fermée aux impurs.

C'est ce soir de Noël 1987 que j'ai connu Hervé, un garçon de mon âge, frère d'Aline. Ses regards, tout au long du repas, sont sans équivoque, mais il ne m'intéresse pas. Je suis ailleurs, imaginant ce pauvre Alphonse penché sur son établi, créant la coiffe de celui qui se prend de plus en plus pour Dieu ! Je reverrai Hervé quelques jours plus tard, et sans trop savoir pourquoi, je suis sortie de plus en plus souvent avec lui, juchée derrière sa moto, avec cette sensation de liberté, de découverte d'une autre vie, que je n'avais plus ressentie depuis mon séjour en Corse.

Sans doute était-ce un appel lancé à Alphonse, un message qu'il reçoit d'ailleurs cinq sur cinq lorsque je lui écris que je ne monterai pas au Mandarom, comme prévu, préférant partir en vacances avec Hervé. Alphonse réagit immédiatement... en chevalier du Lotus d'or, servile et manipulé. Le Seigneur est informé de mon aventure et ordonne un rituel pour désenvoûter la possédée que je suis devenue.

Peu après, Alphonse revient. Il a pour mission de me ramener à l'ashram, où le Maître va tenter de me déprogrammer, afin de me sauver. Considérant qu'il m'avait déjà sauvée trop souvent, j'ai refusé de remonter au Mandarom.

Là-haut, les combats ont repris de plus belle. Cette fois, ce sont des Bouddhas, quelques sages et autres dieux illuminés qui deviennent un peu trop envahissants. Hamsa Manarah, ultime recours, va en détruire trois milliards.

Bilan : Alphonse revient de la guerre complètement exsangue, pauvre hère loqueteux, et persuadé d'avoir préservé notre planète d'un malheur annoncé.

Que dois-je faire ? Tenter de faire comprendre à

Alphonse qu'il est en train de tuer notre couple naissant en choisissant Bourdin et son chemin spirituel qui ne mène nulle part ? J'en suis bien incapable. Je ne suis pas sûre que le monde profane, celui que je découvre depuis quelques années à peine, est vraiment fait pour moi. Je n'ai accumulé que des échecs. Depuis ma naissance, je n'ai ressenti d'amour vrai qu'auprès de mon père, et sans que je puisse l'expliquer, je suis systématiquement revenue au Mandarom. Alors, si Alphonse ne m'entend pas, s'il ne veut rien construire à mes côtés, c'est que cette vie-là ne veut pas de moi. Peut-être suis-je née pour être nonne, au service du Seigneur.

Alphonse réagit pourtant :

– Florence, écoute-moi, on va recommencer de zéro, tu verras, on va réussir, tu es dans une mauvaise passe, je comprends, viens revivre avec moi...

– Alphonse, tu es aveugle ou quoi ?... on n'a pas une minute de vie privée... je ne peux pas écouter de la musique, ça perturbe tes cours de yoga, je ne peux pas faire de cuisine, les odeurs empêchent la concentration, impossible de prendre une douche à cause des méditations de tes élèves, je n'ai que le droit d'aller me coucher à sept heures du soir, en sortant du bureau. Non merci, cette vie-là, je te la laisse, puisqu'elle semble te satisfaire. Cette vie-là, je l'ai déjà subie avec ma mère, et j'ai failli en mourir de tristesse.

– Je sais tout ça, Florence... je sais aussi qu'un appartement se libère sur le même palier... on va le prendre, et tu verras, on sera heureux, tu auras toute ton intimité... et si tu veux, on se mariera...

Je n'en crois pas mes oreilles. Il n'épouse donc pas l'aumisme ? Il tient un peu à moi, et le mariage, c'est du solide... c'est aussi un signe de rupture avec le Mandarom. Bourdin, malgré tous ses efforts, n'a pas réussi à briser notre union. S'il n'y a qu'une chance de vivre autre chose, je dois la saisir.

Quelques jours plus tard, nous entrons dans un taudis que nous aménagerons afin de le rendre habitable. Nous nous installons dans cet appartement provisoire en 1988, nous y vivrons encore cinq ans plus tard.

Nous nous sommes mariés en 1989. Je rêve d'un mariage à l'église, en robe blanche, au bras de l'homme que j'aime, comme dans les belles histoires. Mais ce n'est pas mon histoire...

– Tu n'y penses pas Florence... l'église est un endroit perverti, le Maître nous l'a assez répété, tu devrais t'en souvenir... si nous nous marions devant le Christ, c'est comme si nous passions un pacte avec le diable... On ne peut pas balayer comme ça des années d'enseignement auprès de notre Seigneur... l'église, non, n'y pense plus...

Oubliée la robe de tulle blanc, le mariage sera d'abord civil, à la mairie, puis aumiste, à la maison. Alors que nos invités se désaltèrent dans la pièce voisine, Alphonse et moi, discrètement, nous présentons devant la photo d'Hamsa Manarah symbole essentiel du temple que nous avons dédié au Seigneur, dans notre appartement. La révérence habituelle, puis des bénédictions dans toutes les directions de l'espace, avant les prières adressées à notre Maître, afin qu'il protège ce mariage que nous réalisons pour le succès de la mission, pour être plus forts derrière lui. Alphonse me passe une deuxième fois l'alliance au doigt, puisque nous avions retiré nos bagues après la mairie. Comme si nous avions tout oublié des souffrances et de ses tentatives pour briser notre couple, nous implorons aujourd'hui celui que nous considérons toujours, de plus en plus, comme un être supérieur, aux pouvoirs illimités.

Le passage de la mémoire courte, au fanatisme!

« Je suis en toi, tu es en moi, nous sommes dans l'un », cette formule tracée en lettres de couleur sur un mur du Mandarom, nous l'avons faite nôtre.

Alphonse et Priya sont en symbiose, et ça se voit. Nous replongeons de plus belle dans le système. Nous sommes fauchés mais brûlons trois pleins d'essence pour atteindre Castellane, déboursons 250 F par jour pour un ragoût de pommes de terre infâme et un lit inutile, puisque nous ne dormons pas, mais nous sommes au Mandarom tous les week-ends.

Je tente d'effacer le malaise que je ressens, dès mon entrée dans l'ashram. Il est pourtant réel. Sont-ce les chevaliers, de plus en plus secrets? Est-ce le Seigneur qui m'ignore et me croise sans me parler, comme si je n'existais pas? Pourquoi ai-je suivi, plus que vécu, le rituel d'enchaînement de l'anti-Dieu cosmoplanétaire, le dernier combat en date du Maître, face à celui qui pouvait empêcher l'avènement d'un Nouvel Age?

Car le Dieu cosmoplanétaire, c'est bien lui, c'est Hamsa Manarah, et désormais, il n'a plus de rival!

Le chevalier du Lotus d'or a pour règle de travailler sans cesse pour la mission. Il sait que le temps presse, le monde étant menacé d'implosion. « Agissez, je pense pour vous... » semble dire le Maître. Au Mandarom, depuis ma plus tendre enfance, j'ai toujours eu l'impression de vivre dans une ruche, où la reine serait un roi, où les travailleuses n'auraient qu'à observer le silence, où le bourdonnement laborieux ne serait troublé que par des sons de clochettes et de tambours.

Sevré de vie par le travail et la dévotion, tout sens critique disparu, ce chevalier robotisé avance, en quête d'un Graal incertain, qu'il n'atteint jamais, bien entendu.

Dans toute religion, le fidèle a besoin de symbole. Alors, le Maître va le plonger dans une forêt de temples et de statues, représentations de tous les rites connus, qui font du Mandarom le dépotoir des traditions du monde. Car, en cette année 1990, nous sommes tous persuadés que la seule religion qui doit subsister, est l'aumisme, la synthèse. Et l'être qui doit réussir cette unité c'est notre Seigneur. C'est ainsi qu'est lancé le chantier le plus fou qu'ait connu le Mandarom, celui qui pourrait précipiter la perte de Gilbert Bourdin, la construction d'une statue monumentale représentant le Seigneur lui-même.

Au début, la technique est toujours la même. Les chevaliers bâtisseurs travaillent la nuit, éclairés par des projecteurs, avant de recouvrir les travaux d'un grande bâche verte. Ainsi, en plein jour, le chantier est insoupçonnable. Comme pour la grande majorité des édifices de l'ashram, nous n'avons pas de permis de construire, partant du principe qu'on peut toujours s'arranger après, avec les administrations et les politiques locaux. En toute impunité, nous pourrons donc ériger la statue de notre Seigneur, la plus belle, la plus haute de toutes, trente-trois mètres ! Naïvement, je pensais qu'une statue était la représentation d'un être mort, dont on voulait conserver le souvenir, voire le culte. Notre Maître, lui, est bien vivant. Je ne comprends pas, mais qui me demande de comprendre Dieu ?

Pendant ces travaux de la plus haute importance, il est impossible aux curieux de s'approcher du monastère. Depuis quelque temps déjà, des vigiles assurent la surveillance du site. Equipés de jumelles et de talkie-walkies, spécialistes du close-combat, ces hommes déambulent jour et nuit dans l'ashram. Leur présence renforce mon sentiment de peur et me persuade que nous sommes en danger. Je n'aime pas ses types. Certains ont obtenu en quelques mois, des grades que l'on atteint normalement après plusieurs années de pratique. Ils sont Vedhyas. C'est Hatman, un des plus fidèles lieutenant du Maître, qui a ramené ces hommes de Suisse. J'ai appris récemment qu'ils travaillaient tous pour Unit-Sécurité, sorte de police privée, installée à Genève.

Au cours de l'été dernier, Unit-Sécurité a été dissoute par les autorités suisses... « les liens de cette société avec la secte des chevaliers du Lotus d'or constitue manifestement une menace pour la sécurité et l'ordre public... » Le jugement du chef du Département de justice et police et des transports est sans ambiguïté. Mais M. Ramseyer est suisse, pas français !

C'est fait! Désormais, le Seigneur peut régner...

Il a remporté toutes les batailles, sur tous les plans, face à tous les ennemis venus du cosmos, il a déjoué tous les pièges psychiques, enchaîné ses persécuteurs et sauvé ses disciples, et la région, et le monde, et l'univers et...

La France, terre d'élection, ne sait pas encore qu'elle va briller d'un nouvel éclat, d'une aura jamais atteinte. Le Maître statufié est annonciateur d'un grand jour. Cette érection divine d'Hamsa Manarah va modifier le cours des choses pour des siècles et des siècles... Om.

Il est temps pour nous de révéler le retour du Messie. Mais pas un prophète banal, notre Messie est cosmoplanétaire, ayant l'emprise sur toutes les sphères, sur la matière et les esprits. Il a réussi la synthèse, là où avaient échoué Jésus, Mahomet ou Bouddha. D'ailleurs, pour preuve, sa statue domine toutes les autres!

Quand le Maître ouvre les fenêtres de sa maison Lotus, le matin, il se voit. Sa statue qui tourne le dos au monde profane, est la marque du Nouvel Age qui peut commencer.

Et ceux qui s'opposeront à cette marche de l'histoire universelle seront détruits!

Le grand jour est fixé. Ce sera le 22 août 1990.

Il est grand temps de révéler au monde la présence à Castellane, du Messie cosmoplanétaire. Il est le seul à pouvoir éviter la destruction du monde et des millions de planètes de lointaines galaxies. Pour nous, chevaliers, pour moi, Priya, cette annonce faite à la terre entière sera un aboutissement. La récompense d'années de sacrifices, de nuits sans sommeil, de jours sans manger, de temps offert, d'argent donné.

Pour moi Florence, c'est la fin d'un cauchemar, quinze ans à la recherche d'une chaleur introuvable, d'un père parti, d'une mère perdue.

Le père de Priya, son gourou, est là. Le monde entier va enfin savoir sa grandeur, ses pouvoirs immenses. Dans la communauté, dans tous les Pôles de lumière, en France, métropole et Antilles, au Canada ou en Suisse, les chevaliers sont mobilisés. A Montchanin, les dix adeptes du Mandarom viennent prier deux fois par semaine. Des rituels de purification, avant que la grande nouvelle ne soit annoncée, et des textes inconnus jusque-là, nous sont imposés par la hiérarchie de l'ashram. On y parle de grand rédempteur, de Seigneur régnant sur tous les plans, d'âge d'or enfin atteint.

Au monastère, moines et moniales sont sur les dents. Des invitations sont expédiées en France entière, des fax envoyés dans les rédactions, avec l'en-tête « Messifax ». On ne peut pas être plus explicite.

Pour la première fois, les portes du Mandarom seront ouvertes au plus grand nombre. Les gros bras d'Unit Sécurité ne seront pas de trop. Une surveillance particulière sera accordée aux journalistes, les premiers colporteurs de la bonne nouvelle.

Dans son atelier, sans prendre de repos, Alphonse prépare les coiffes que portera le Seigneur, le jour de la cérémonie. La plus belle compte un millier de petits miroirs. Alphonse est usé par tant d'heures passées sur l'établi, mais c'est l'œuvre de sa vie, le sens de son engagement. Il se doit d'être prêt pour le grand jour.

Je me souviens des entraînements sous le soleil, où

tous les chevaliers disponibles apprennent à marcher ensemble, pour une procession unique, en chantant nos plus beaux mantras. D'autres rafraîchissent certains monuments aux couleurs fanées ou préparent le grand temple où va se dérouler la cérémonie.

J'aime cette fébrilité qui précède les grands événements, je n'ai jamais été aussi persuadée d'appartenir à une race unique, j'ai vu naître le Messie, je partage le secret de son existence, et je me réjouis à l'avance de la fête qui suivra le couronnement. J'entends déjà un immense cri de joie qui, en écho, envahira la vallée du Verdon. L'eau du lac de Castillon frémira sous l'effet du souffle divin, la terre ingrate de La Baume, ensemencée par la seule présence du Messie, deviendra fertile. Les bergers mèneront leurs moutons sur nos terres riches et nos chiens ne les attaqueront plus. Les oiseaux chanteront l'avènement du Seigneur, puisqu'il est aussi protecteur du genre animal.

Les habitants de Castellane ne souriront plus en croisant les chevaliers du Lotus d'or, prenant soudain conscience de leur aveuglement depuis tant d'années. Sans le voir, sans y croire, ils ont approché la perfection faite homme. Le Messie a mangé leur pain, goûté à leurs légumes, apprécié le suc de leurs fruits, bu leurs vins. Ils mesureront le temps perdu, jusqu'à cet été 1990, et ils recevront la bénédiction. Ils ignorent que le Maître et ses disciples n'ont cessé de prier pour le genre humain, pour sa protection, et qu'il est le seul être capable d'éviter l'apocalypse annoncée. Ils ne savent pas que le pape Jean-Paul II n'est qu'une émanation, une des représentations humaines de notre Seigneur... Ils sauront, enfin !

Ce 22 août 1990, le soleil lui-même a rendez-vous avec son Maître. On repeint les svastikas, les étoiles de David, les rambardes aux abords de la mosquée de Mahdi. Ces symboles de la tolérance et de l'unité des religions sont essentiels pour faire comprendre à nos visiteurs du jour l'importance de la révélation du Messie.

Des chevaliers, venus parfois de très loin, arrivent progressivement à La Baume. Certains sont là avec leurs enfants. Qu'ils soient dans les landaus, ou jouant entre les statues, tous ces gosses portent le bandeau à miroirs, comme les grands. Comme leurs parents, ils se prosternent devant la statue du Messie, avant de poursuivre leur route. Je sais que certains de ces enfants sont déjà appelés élus de Dieu.

Le Maître a révélé aux parents que leur fils était une réincarnation d'Hamsa Manarah, de lui-même donc, et ils le croient toujours. A Thionville, une famille vénère le fils de la maison comme un Bouddha. L'enfant est adulé, ses parents le craignent, sa sœur ne peut l'approcher, et ce « little bouddha » à la sauce alsacienne joue parfaitement son rôle d'héritier spirituel de notre Maître.

Les chevaliers arrivent, mais je suis un peu déçue. Je pensais que nous serions beaucoup plus nombreux. Quand les premiers journalistes débarquent, bardés d'appareils photo et de caméras, ils sont immédiatement pris en charge, sous étroite surveillance. Encore une fois, je m'étonne. Malgré les centaines de Messifax transmis dans toutes les rédactions de France, une poignée de journalistes seulement se sont déplacés à Castellane.

Je les observe, ils semblent stupéfaits...

– Dis, c'est quoi ce machin ?

– Je sais pas, et... regarde la vierge avec son pistolet en plastique, c'est rigolo, non ?

Les moteurs des appareils photo chauffent, les cameramen se contorsionnent pour avoir la meilleure prise de vue.

– Viens voir, vite, ils ont même des croix gammées, mais... on est où ?

– Je sais pas, ça me rappelle le village des Schtroumpfs, mais en moins marrant... il est où Gargamelle ?

– Arrête de rigoler, on est là pour rencontrer le Messie... tu te rends pas compte, toi, ça fait deux mille ans que c'est pas arrivé...

– C'est lui, le Messie ce grand machin en béton plus grand que tous les autres ?... et t'as vu ce qu'il a dans les mains... on dirait un cuistot qui va monter des blancs en neige...

– Ah ! non, il ressemble plutôt à un gros bébé jouant avec son hochet...

– Ceci est un vajra, monsieur, une arme cosmique, un des attributs de notre Seigneur...

La voix de la sœur, accrochée aux basques des reporters, est restée douce. Elle a assisté sans broncher au dialogue de ces impurs ignorants. Les consignes sont strictes : pas d'agressivité, nous devons montrer tolérance et compréhension. Ceux qui nous rendent visite aujourd'hui, ne sont pas de notre monde, ils ne comprendront pas tout, puis tout s'éclairera, lorsqu'ils verront et entendront le Seigneur.

En attendant l'heure de la cérémonie du couronnement, des chevaliers poursuivent leur rituel autour des statues. Les journalistes foncent, caméras en chauffe. Hommes, femmes et enfants, tous équipés de bandanas anti-diables, tournent, chapelet en main, et se prêtent volontiers au jeu des photos. Ce jour béni, il n'y a rien à cacher.

Aujourd'hui, l'avocat des chevaliers du Lotus d'or veut faire croire que les enfants ne participent pas à la vie de l'ashram. Hélas, ils y sont intimement liés, les images du 22 août 1990 sont là pour le prouver!

Les chevaliers, suivant leurs grades, sont réunis pour des chants de mantras. Capes blanches, jaunes ou pourpres sont en démonstration, et les flashes crépitent.

Quelques minutes plus tard, ma gorge se serre. L'instant espéré est arrivé. Nous sommes convoqués dans le grand temple pour la cérémonie de révélation du Messie. En procession, tous les chevaliers, moines et moniales en tête, se dirigent vers le temple. Nos invités, parmi lesquels je reconnais le chanteur Francis Lalanne, suivent, dispersés.

Je n'ai jamais ressenti une telle émotion. Au milieu de mes frères et sœurs, je m'apprête à vivre le plus beau jour de ma vie, celui qui va tout changer. Autour de moi, cette même impression de recueillement, de joie intérieure, de celle qu'ont dû partager les apôtres, voici deux mille ans, en découvrant que l'homme qu'ils avaient suivi était le Christ. Clochettes et tambours donnent de la force à nos chants purificateurs.

Puis Dipta, maître de cérémonie annonce... « Le Seigneur Hamsa Manarah, Grand Maître des chevaliers du Lotus d'or... »

Au fond de la salle, le rideau s'ouvre et il entre. Un frisson parcourt nos rangs. Dans un vêtement cousu d'or, portant une coiffe prolongée de deux ailes, le Seigneur avance, majestueux. Le regard fixe, il semble plongé dans une profonde méditation. Les tambours résonnent plus fort, pour accompagner le Maître jusqu'à son trône. En hypnose, je ne remarque même pas les sourires de certains journalistes. Puis commence le rituel d'intronisation. Un chevalier, agenouillé devant le Seigneur tourne une roue, ressemblant à une scie circulaire, et nous récitons des mantras. Visiblement, nos invités ne comprennent rien à ce qu'ils voient. Ils ne savent pas que cette roue représente le temps qui coule, celui des âges par lesquels l'homme est passé.

Aujourd'hui, nous quittons l'âge de cuivre, celui de l'autodestruction de la terre, pour l'âge d'or, grâce au Seigneur, Messie révélé. Un bond extraordinaire dans l'espace pour des hommes ignorant jusque-là que le Sauveur était revenu. Seuls nous, ses disciples, ayant atteint un haut degré spirituel, savions le risque d'implosion de notre planète.

Nous avons combattu les forces du mal qui avaient programmé la catastrophe et nous avons réussi. Om Seigneur...

Le Seigneur fait un signe, un moine se précipite et déplace le micro vers la divine bouche.

– Ooooommmm... Moi le Seigneur Hamsa Manarah, Messie cosmoplanétaire, de l'Age d'or, je vais me révéler à la Terre en ce jour saint du 22 août 1990. Je réponds ainsi à la demande de milliards et de milliards d'entités qui attendent ma venue, j'apporterai les preuves de mon travail dans les deux livres que je vous montre... le premier, c'est *Je suis le Messie attendu*, le second c'est *La Doctrine de l'aumisme*. J'apporterai ces preuves et vous serez rassasiés. Ensuite, j'ai accepté d'être filmé, j'ai accepté que soit retransmise la cérémonie du septuple couronnement afin que tous les êtres reconnaissent le Messie, me reconnaissent moi-même...

Je suis abasourdie. Je rêve ou ai-je bien entendu? Nous attendions un appel pour la paix et la joie dans la lumière revenue, le Seigneur s'est tout simplement contenté de faire la promotion de ses livres! C'est un fiasco. Les journalistes ne sourient plus, ils pouffent.

Une dame brune, étroitement surveillée par plusieurs chevaliers, secoue la tête, complètement atterrée. Cette femme que je rencontrerai dans d'autres circonstances, plus tard, est considérée au Mandarom comme un de nos plus dangereux adversaires. Depuis des années, elle se bat contre la prolifération des sectes en France. Les menaces physiques, les pressions psychologiques, les procès, ne l'ont jamais impressionnée. Il fallait du courage à la présidente de l'Association de défense des familles et de l'individu, pour assister à cette cérémonie. Elle est venue! Elle s'appelle Janine Tavernier. Une femme formidable! Elle est venue, et vérifie aujourd'hui ce qu'elle affirme depuis si longtemps : Gilbert Bourdin est fou!

Dans ma cape de chevalier, je n'en suis pas encore là,

mais je ne comprends pas ce qui lui a pris de tenir ce discours publicitaire, qui lui a fait perdre toute crédibilité. Les journalistes sont aux anges ! Un tel personnage, c'est le spectacle assuré. Ils ont l'impression d'être plongés dans une bande dessinée de science-fiction. Pour eux, Bourdin c'est à la fois Ubu et Bokassa ! Le seul à ne pas rire, ce qui aurait tendance à me rassurer, c'est Francis Lalanne. Il semble mesurer la portée extraordinaire de l'événement et reste parfaitement concentré. Lui, au moins, a compris !

Comme si cette cérémonie affligeante ne suffisait pas à le ridiculiser, le Seigneur, désormais Messie cosmoplanétaire, va en rajouter un peu plus tard, lorsque les journalistes lui demanderont de donner des preuves de sa nouvelle qualité supérieure. En compagnie de quelques moines et moniales, je suis là, au garde-à-vous, attendant la parole divine, celle qui, selon le Seigneur, doit nous rassasier.

La caméra tourne, le reporter attaque...

– Seigneur, vous dites que vous êtes le nouveau Messie, qu'est-ce qui vous permet de l'affirmer ?...

– Eh bien, je dis que je suis le Messie parce que... d'abord, j'ai un certain nombre d'attributs... la tiare pontificale, il y a le vajra à huit mille rayons, le sceptre de diamants et beaucoup d'autres attributs... je dis que je vis au milieu d'une forêt de sceptres donnés par la hiérarchie de lumière... ça c'est une concrétisation, mais en dehors de ça il y a les actions... notamment d'avoir débarrassé la Terre de 550 milliards de démons, et d'en avoir ressuscité 350 milliards, qui sont devenus des serviteurs de la lumière… il y a aussi le fait d'avoir allégé le karma de la Terre, d'avoir empêché la Troisième Guerre mondiale, d'être intervenu au niveau des règnes de la nature, afin de les aider à évoluer… décider les humains à respecter la nature… il y a encore beaucoup de choses, beaucoup de choses…

– Comment avez-vous réussi tout ça ?

– Eh bien, d'abord par des rituels, plus ou moins longs, pour obtenir des fruits… par exemple, l'enchaînement de Satan, il a fallu au moins quinze jours de rituels, pour l'enchaînement de l'anti-dieu aux quatre visages, il a fallu passer un mois de combat, à raison de dix à douze heures par jour. Et pour les autres, quand il s'agissait de l'évolution des règnes de la nature, nous avons fait des séances de prières, mais des prières actives agissant au niveau de la déprogrammation des règnes de la nature, la déprogrammation des humains, tout ce qui empoisonne l'existence des humains et les pousse à s'entre-tuer… voici en gros ce que j'ai fait… nous avons un certain nombre d'armes et d'instruments nous permettant d'agir, non seulement au niveau de la Terre, au niveau des étoiles, des galaxies, des univers, au niveau de l'atome du Purusha, car il faut savoir qu'il y a de 500 à 1 000 milliards d'atomes de Purusha, dans un atome de Purusha, il y a des milliards d'univers ainsi de suite… »

Ces paroles sont restées incrustées dans ma mémoire, je repense parfois à la lassitude qui m'a envahie, à ce moment-là, au regard goguenard du journaliste laissant notre Seigneur s'enfoncer dans le trou noir de ses voyages intersidéraux délirants, incompréhensibles. Je sais que ce jour-là, en exhibant sa folie, Bourdin a signé l'arrêt de mort de la communauté des chevaliers du Lotus d'or. En quelques mots, il a détruit son œuvre, cassé son jouet.

Le récit de la chasse aux démons sur fond de temples et de statues (« cet homme a le béton mégalo », diront certains) sera largement repris dans les journaux et les reportages télé consacrés à notre ashram. Cette reconnaissance universelle dont il rêvait, cette ouverture sur le monde qu'il souhaitait, sont désormais impossibles à atteindre pour lui ! Parce qu'il a voulu ratisser plus large, en lançant une grande campagne de promotion sur l'aumisme, la religion qui lave plus blanc, parce qu'il a tenté une sortie hasardeuse après vingt ans de vie cachée et de crimes secrets, Bourdin a échoué. Victime d'un violent effet boomerang, il va devoir opérer un repli stratégique dans ses fortifications, où il se sait inattaquable... protégé. Certes, continuera-t-il son entreprise de destruction mais il se contentera de régner sur une poignée de fanatiques, dont ma mère.

Oui, ce jour d'août 1990, Gilbert Bourdin a précipité sa perte et sans le vouloir, m'a réveillée. Sans ce spectacle pitoyable, je serais certainement encore dans son sillage. Au lieu de cela, je vais progressivement m'éloigner du Mandarom, opérant un retour vers le réel, qui durera trois ans.

Sur le plan médiatique, c'est la catastrophe. Quand la presse rend compte de ce jour historique, c'est pour tourner en ridicule notre communauté et son leader charismatique. Les journalistes s'en donnent à cœur joie...

secte, Disneyland provençal, le mégalo des Antilles, le Messie cosmoplanant, les illuminés de Castellane... Au Mandarom les plus optimistes se disent que l'important est que l'on parle de nous, les plus malades fustigent les ignorants, et les autres, qui se taisent, sont persuadés qu'il en est fini de notre rêve d'un nouvel ordre mondial, basé sur l'aumisme. A partir de cet été 1990, les chevaliers du Lotus d'or vont s'enfermer dans une paranoïa jamais atteinte. Alors que nous prêchons la tolérance, la liberté de penser, nous ne supportons pas les critiques, justifiées, qui pleuvent sur nous. Tout y passe. Des rituels magiques sont organisés contre les journalistes. Dans la maison Lotus, quelques chevaliers, armés de shaktivels, poignards anti-diables, tournent autour des photos de nos ennemis, ainsi identifiés, et tentent de les abattre sur le plan psychique.

Dans le réfectoire, dans le grand temple, d'autres assauts magiques sont lancés autour de plans sur lesquels sont inscrits le nom et la fonction du journaliste à neutraliser. Je participe à ces rituels, mais du bout du poignard. Je n'y crois plus. Pensant rattraper nos bévues, nous recevons d'autres reporters que nous avons ordre de ne pas lâcher, mais le résultat est tout aussi catastrophique. Les articles sont dévastateurs, car au-delà de ceux qui nous baptisent « groupe de fanatiques sectaires », nous trouvons aussi les écologistes sur notre chemin. A leur tête, Robert Ferrato, un ennemi, président de l'Association de défense des rives du Verdon. Des années durant, ce militant de toutes les injustices se battra contre les projets de construction sur le massif de la

Baume, qui détruisent un site merveilleux, il découvrira les passe-droits dont a bénéficié le Mandarom, dénoncera les complicités des notables provençaux. Robert Ferrato est considéré comme l'adversaire le plus dangereux des chevaliers et de leur chef. Lui aussi aura droit à un traitement de faveur de la part des jeteurs de sort du Mandarom.

Face à ce déferlement démoniaque, nous faisons le gros dos. Dans notre Pôle de lumière de Montchanin, Alphonse et moi sommes chargés de répandre la bonne nouvelle... le Messie est de retour. Je participe à des conférences sur ce thème, en me demandant parfois ce que je fais là. Quelque chose s'est brisé en moi. Tout ce que j'entreprends pour la mission me semble inutile. Et quand, à la fin de ces soirées, je dois diffuser la cassette vidéo de la révélation, j'ai honte.

Mon plus profond désir était de devenir nonne, de vivre en permanence aux côtés du Seigneur, puis tout s'est écroulé, ce 22 août. Par la suite, je tente de me persuader que le Messie est au-dessus de tout ça, loin de la matière, sur des plans supérieurs, et que personne sur cette terre ne peut le comprendre. Mais je suis meurtrie par chacune des attaques. Les mots secte, supercherie, doux dingues, magouilles, tous ces mots lus ou entendus, me font mal. Et peu à peu, le doute s'insinue. Alphonse, lui, n'en démord pas. Il veut poursuivre sa démarche spirituelle, et ces journalistes sectaires ne l'en empêcheront pas. Il anime avec fougue ces séances de propagande, reprenant fidèlement les formules de notre Maître, ce Nostradamus des temps modernes... « Certaines contrées du monde trembleront, l'océan montera, épargnant la France, joyau de l'église de synthèse... si le Messie devait se retirer du pays choisi, alors tout peut arriver pour tous ceux qui n'ont pas su le reconnaître et l'admettre... » Alphonse retrace à l'envi tous nos combats contre les forces du mal, affirme avec conviction que le Seigneur a systématiquement empêché la guerre mondiale depuis 1983, avant de conclure avec gravité la proclamation faite par le Messie, au cours de la nuit de Noël 1990 : « Terre, tu as dix ans pour faire ton choix, de ce choix dépendra la survie de la Terre et de ses cinq milliards de Terriens. »

Puis est né le projet du Temple Pyramide. Une œuvre démentielle ! Trente mètres de haut, 8 000 m^2, ce monument qui doit devenir le phare de l'aumisme, coûtera au bas mot, cinquante millions de francs.

Alphonse et moi avons été peu associés à cette entreprise exceptionnelle. Quand nous montons au Mandarom, je passe tout mon temps en cuisine, et Alphonse ne quitte pas son atelier de verre, où, jour et nuit, il réalise des coiffes pour le Messie, devenu un obsédé du chapeau. En revanche, nous sommes tous avertis. La réussite de cette œuvre unique au monde, dépend exclusivement de nous. Du temps que nous y consacrerons, de l'énergie que nous déploierons, des sacrifices que nous consentirons, et... et de l'argent que nous donnerons.

Un système de cartes d'adhérents à l'Association du Temple Pyramide est mis en place. Suivant leurs moyens, les chevaliers seront sympathisants, actifs ou bienfaiteurs. Mais la somme à récolter, cinq milliards de centimes me semble colossale, impossible à atteindre.

La pression est permanente. On nous impose des cotisations de 1 000 F et plus, l'achat des trois cassettes vidéo de la révélation du Messie, à 1 000 F pièce, la vente des livres d'Hamsa Manarah et des objets souvenirs du Mandarom. On nous distribue le manuel du V.R.P de l'aumisme, grâce auquel nous deviendrons des moines-vendeurs efficaces.

En d'autres temps, le challenge m'aurait enthousiasmée, j'aurais été la première à prier pour la réussite de l'entreprise, championne du porte à porte, j'aurais su trouver les mots et l'argent. Mais en cette fin d'année 1991, je ne marche plus. Nous ne paierons pas notre cotisation, nous ne ferons partie d'aucune des commissions mises en place pour le projet du Temple, et le 3 mars 1992... « Je peux te dire que votre démission est acceptée à la fois de l'ordre des chevaliers du Lotus d'or et de la prêtrise, à compter de ce jour... » Le courrier est signé Hamsa Manarah.

Nous acceptons sans surprise et avec soulagement, la décision du Maître. Depuis des mois, au cours des réunions hebdomadaires dans le Pôle de lumière de Montchanin, certains d'entre nous font part de leurs doutes, constatant que le Mandarom s'est transformé en société commerciale, que seuls les généreux donateurs bénéficient de considération, que les radins n'existent plus. Chez moi, ces interrogations ne sont pas nouvelles.

Au cours de ma vie monastique, je me suis souvent demandé d'où venait l'argent permettant de financer les travaux entrepris dans le monastère. Certes, les gens riches étaient toujours bien accueillis, et alors que nous travaillions jour et nuit pour mériter notre titre de chevalier, eux grimpaient, sans effort, à coups de millions, les 17 degrés de notre ordre chevaleresque. Mais cet argent-là ne suffisait pas.

Aujourd'hui, les enquêtes financières s'intéressent de plus près à la fortune personnelle de Monsieur Bourdin. Dans un article récent de Jean-Noël Cuénod, journaliste de *La Tribune de Genève*, on peut lire que selon un rapport du ministère français de l'Intérieur, le Messie a déboursé 540 000 F pour la constitution de son patrimoine immobilier personnel, sans compter ses deux propriétés sur les communes de Ilonse et de Cannes. Ce rapport fait état des parcelles achetées à Castellane, par la secte du Mandarom, dissimulée derrière une société nommée « Domaine Napoléon », pour une somme de 2 388 420 F. Gilbert Bourdin qui affirme avoir abandonné toute activité salariée depuis les années 60, possède huit comptes bancaires et postaux !

Mystifiée, comme tant d'autres, j'ai cru pendant dix-huit ans ce que le Seigneur avait écrit dans son livre *Vers un âge d'or d'unité*...

« Rien ne peut se faire, en ce bas monde, sans qu'une occasion de pacte d'argent se présente, avec son flot d'espoir, de promesse de gloire et de pouvoir... dans ce piège des pactes d'argent sont tombés et tombent chaque jour des millions d'individus. »

Le Messie, lui-même, s'est donc laissé piéger. C'est à désespérer de tout !

Dans un autre rapport, on évoque le caractère secret des fonds dont dispose la secte, et comme souvent en pareil cas, les pas des policiers les mènent en Suisse. On y parle de deux sociétés dirigées par des « aumistes », Messicom et Unit-Sécurité (récemment dissoute), mais aussi des liens qui unissaient le Mandarom et l'Ordre du Temple solaire, secte mondialement connue depuis le faux suicide de cinquante-trois de ses membres, en octobre 1994.

Et certains comme Roger Reybaud, maire de Saint-Julien et opposant de la première heure à la secte du Mandarom, se souviennent de la présence d'un leader templier, Luc Jouret, à Castellane, en 1992, et de l'intérêt qu'il manifestait à l'égard des chevaliers du Lotus d'or.

Y aurait-il des liens financiers entre les deux sectes ? Je suis stupéfaite de ce que je découvre aujourd'hui. Le cloisonnement était tel entre les différentes branches de notre communauté, le secret érigé en système était si efficace, que je ne me suis rendu compte de rien. Bientôt, je l'espère, nous saurons tout !

Chapitre 10

Jérémie, mon fils, ma renaissance

Comme par habitude, Alphonse et moi continuons notre vie monastique, malgré notre éviction du Mandarom. Nous ne sommes plus chevaliers, nous ne franchirons plus les portes de l'ashram, mais tout au long de l'année 1992, nous restons des pratiquants. Tous les matins, Alphonse refait les mêmes gestes de protection de notre appartement, avec ses bâtons d'encens, nous prions dès l'aube, mais pour moi, tout est différent. Je ne peux plus !

Je ne peux plus me planter, extasiée, devant la photo de cet homme que j'ai vénéré et dont je découvre le vrai visage. Je ne peux plus me concentrer et prier pour ma ville, la France, la Terre et l'Univers tout entier, quand je sais que ce message d'amour est une supercherie. Je ne peux plus me transporter par la pensée vers le Mandarom, vers ceux qui furent mes frères et sœurs.

Par mon travail, au contact de la vie, je réalise que ce monde que l'on m'obligeait à diaboliser, qui n'était que perversions, est passionnant. Je suis avide de connaître, j'ai tant de retard. Cette envie de vivre, refrénée des années durant, enfouie sous des millions de mantras, chassée de mes obsessions de moniale, je vais enfin pouvoir l'assouvir.

Je vais avoir un enfant !

Mon premier geste volontaire depuis près de vingt ans. J'en suis persuadée, cet enfant que nous avons voulu, va nous sauver. Ce petit être qui grandit en moi me donne une force extraordinaire. Je l'aime déjà. Aujourd'hui, cette force et cet amour sont conscients. Je ne suis plus en hypnose. Cet enfant est une gomme qui efface, au fil des mois, ma vie passée. Alphonse, lui, ne se remet pas de notre éviction du Mandarom.

On ne sort pas impunément de huit ans de vie, dont trois exclusivement consacrés à la mission. C'est un déchirement pour lui. Il erre, vide, sa vie lui semble inutile, la société lui fait peur. Nous n'avons plus d'amis, sinon d'anciens adeptes ou quelques yogis. Alphonse est dans le sas que connaissent si bien les toxicomanes de retour de l'enfer, et qui redoutent le retour en société. Il est en manque du Mandarom. Il en souffre, j'en souffre. J'espérais tant que nous porterions cet enfant ensemble, que nous préparerions son arrivée. Hélas, je grossis seule.

Sortir d'une secte, des griffes d'un gourou, n'est rien. L'essentiel est de parvenir à vivre, après. Seuls ceux qui ont survécu à ces années d'exil savent. Alphonse, arraché à son idéal, devait tout réapprendre, son enfant pouvait l'y aider, il ne l'a pas compris.

J'ai beaucoup souffert et je n'ai jamais été aussi heureuse de souffrir que le jour de l'accouchement. Sur mon lit de douleur, je prends conscience que la vie c'est aussi la donner.

Jérémie est arrivé le 25 juin 1993. Ce jour-là fut aussi celui de ma renaissance. C'est Jérémie qui m'a réveillée. La chaleur de son corps sur mon ventre n'est pas magique mais réelle. Je touche doucement sa peau plissée et mouillée. Il est moi. Je sais qu'il représente ce que j'ai réalisé de plus beau dans ma vie, et mon objectif est simple, réussir la sienne. L'aimer tant qu'il le demandera. Lui parler de tolérance, de regard sur l'autre, même ou surtout s'il est différent, le préserver du trompe-l'œil qui mène au tue-l'esprit, lui dire que les verbes admirer, vénérer, idolâtrer sont très dangereux. Lui démontrer que Dieu, c'est lui, c'est moi, son père et les autres, la vie. Eviter à tout prix qu'il devienne ce que j'ai été.

La naissance de mon fils a eu l'effet sur moi d'une soudaine révélation. Elle m'a permis de comprendre enfin que tout ce que j'avais vécu durant dix-huit ans, dans ce groupe où l'on parlait sans cesse d'amour, sans le connaître, de chaleur, sans la donner, et de joie, sans l'éprouver, que tout ce que j'avais vécu était trop beau pour être vrai, comme l'a écrit une ancienne adepte de la secte du Guyana, avant d'être assassinée avec neuf cents de ses « frères et sœurs ».

Depuis mon retour sur terre, j'ai souvent pensé à

témoigner de ce qui se passe réellement là-haut. Lorsque je découvre à la télévision le reportage, criant de vérité, réalisé par deux journalistes d'Antenne 2, j'ai longuement pleuré.

J'avais été immergée dans ce système concentrationnaire et pour la première fois, je vois ! Comme la rediffusion du film de ma vie ratée. Mais systématiquement, la bobine se coince dans le projecteur au moment où le trafiquant d'âmes, sûr de son pouvoir, pénètre dans le corps de la fillette sans défense. Je n'ose dire l'indicible, j'ai démasqué l'oppresseur, mais je traîne encore ma culpabilité et ma peur.

Face à mon mari, au médecin, auxquels je me confie, je raconte les assauts de Bourdin sans parvenir à prononcer le mot viol. « C'est si loin », me disent-ils, me demandant d'oublier. C'est si loin, mais alors, pourquoi la douleur est-elle encore insupportable ? Pourquoi, en évoquant l'horreur, avec mon père et Véra, avons-nous éclaté en sanglots, tous les trois, devant Alphonse, resté de marbre ? Si papa ne dit rien, pensant qu'un jour, je parlerai, tous les autres, Alphonse compris, me conseillent de me taire.

Je me suis tue, jusqu'au jour où je reçois un coup de fil de ma sœur Nathalie. Elle vient de voir un reportage à la télé. Un groupe de manifestants écologistes, protestant contre la construction d'un temple. A leur tête, un certain Robert Ferrato, qui n'a pas hésité à dénoncer la destruction de l'environnement, la complicité des élus de la région, et la folie collective des adeptes. Nathalie est survoltée, me rappelle la destruction de notre famille, les humiliations accumulées, et le sort réservé aux femmes dans la secte.

– Florence, il est temps de dire tout ce que nous savons, tu ne crois pas?

– Tu crois que ça peut servir à quelque chose?... écoute, je réfléchis et je te rappelle...

C'est seule, dans un silence troublé par la seule respiration de mon enfant qui dort dans son lit d'osier, que je prépare ma révolte, en même temps que ma résurrection.

« Désormais, il s'agit de ne pas se dérober. Ma petite, il va falloir assumer... ce jour est un des plus importants de ta vie... si tu parles, sache que le vieil homme se retrouvera en face de toi, il va peut-être te défier du regard... tu sais ces yeux bleus qui te figeaient sur place lorsqu'avec d'autres, tu étais sa chose... mais aujourd'hui, tu n'es plus l'enfant qu'on souille impunément, tu es une jeune femme, et Jérémie, ton fils, peut te donner la force de témoigner de ces années de souffrance. Il a extirpé de ta mémoire tout ce qui aurait pu t'empêcher d'être femme, toi qui n'as même pas été une enfant... »

Une heure après, je rappelle Nathalie...

– Tu as raison, on fonce!

Quelques semaines plus tard, Nathalie et moi nous présentons devant les gendarmes de la Section de recherche de Toulon, notre ville d'origine. C'est la première fois que nous racontons, dans le détail, notre vie détruite, et tout au long de notre déposition, j'ai le sentiment que ces hommes nous écoutent et nous croient.

Je suis définitivement guérie.

A l'heure où se termine ce récit, Gilbert Bourdin est libre.

La justice en a décidé ainsi. Les premiers temps, l'annonce de sa remise en liberté m'a révoltée. Aujourd'hui, je considère que l'essentiel est fait, Bourdin, le mystificateur est démasqué, et je sais qu'un jour ou l'autre, il paiera. Pour toutes les femmes qu'il a souillées, pour tous les sincères qu'il a abusés, pour les familles qu'il a ruinées, pour les enfants qu'il a sacrifiés, pour ceux enfin qui seraient tentés de suivre ce faux prophète, la justice ira jusqu'au bout.

Et mon témoignage n'aura pas été vain.

Octobre 1995

Table des matières

Cet ouvrage a été réalisé par la
SOCIÉTÉ NOUVELLE FIRMIN-DIDOT
Mesnil-sur-l'Estrée
en novembre 1995

Imprimé en France
Dépôt légal : novembre 1995
N° d'édition : 95 PE 97 – N° d'impression : 32541
ISBN : 2-8776106-08